THÉATRE

DU FIGARO

PARIS. — IMP. SIMON RAÇON ET COMP., 1, RUE D'ERFURTH

E. Leguay sc. d'après Ch. Voillemot — Imp. Gilquin et Dupain, r. de la Calandre 19, Paris

CHARLES MONSELET

THÉATRE
DU FIGARO

AVEC UN RIDEAU DESSINÉ PAR CH. VOILLEMOT

PARIS
FERDINAND SARTORIUS, ÉDITEUR
6, RUE JACOB, 6

1861

OUVERTURE

—

Vers ce temps-là, il y avait un petit journal intitulé *Figaro*. On le qualifiait de petit journal parce qu'il était aussi grand que les autres et qu'il s'occupait des questions les plus importantes, telles que la propagation de la gaieté en France, l'élève de l'*humour*, la culture du plaisir. Dans ce journal, on voulut bien me permettre d'installer une baraque en toile rayée et d'y donner, tous les huit ou quinze jours, une représentation de marionnettes. Il en est résulté une sorte de répertoire dont je détache aujourd'hui quelques fragments. Ces petites compositions, dont l'actualité fait presque tous les frais, improvisations placées entre l'article et le vaudeville, dialogues de dix minutes, facéties écrites après déjeuner, portraits grands comme l'ongle, vont perdre beaucoup sans doute à leur réimpression en volume. Qu'y faire? C'est le sort commun aux études de mœurs prises un peu trop sur le vif et sur le nu, fidèles jusqu'à l'outrance, techniques jusqu'au jargon. Ce qui semble devoir les faire vivre est au contraire ce qui contribue le plus promptement à les faire oublier. Elles ont une vitalité prodigieuse, mais pendant vingt-quatre heures seulement; ce sont les éphémères de la littérature parisienne.

Je me souhaite — à tous les points de vue — de relire dans trente ans mon *Théâtre du Figaro.* Ce sera alors un livre passablement étrange. Le mot exorbitant de la veille sera devenu le mot usuel du lendemain; la plaisanterie sortie armée et pimpante de mon cerveau aura traîné devant toutes les boîtes de souffleurs; mon opinion personnelle sur un confrère sera l'opinion de tout le monde. J'étais un paroxyste, je ne serai plus qu'un enragé de modéré; je m'étais endormi Cyrano de Bergerac, je me réveillerai la Palice.

Heureusement pour les livres de cette sorte il reste

les curieux et les bibliophiles, qui arrivent lorsque le public est parti. Il leur suffit, à eux, d'un mot, d'un trait, pour sauvegarder un volume ; ce sont de ces gens qui s'arrêtent rêveurs, pendant une demi-journée, devant une gravure de modes, et qui se surprennent de temps en temps à relire l'*Ermite de la Chaussée-d'Antin*. Je les ai toujours en vue quand j'écris.

THÉATRE
DU FIGARO

LE CAPITAINE MONISTROL

J'avais perdu un pari contre le capitaine Monistrol; le jour était venu de m'exécuter. Il s'agissait d'un déjeuner de neuf couverts, — le nombre des Muses. Mais ici les Muses devaient être représentées par des avocats, des étudiants, des gens du monde, nos amis communs, qui avaient été les témoins de la gageure.

A l'heure convenue, je me rendis chez Édouard, un de mes convives, qui demeurait dans la même maison et sur le même palier que le capitaine Monistrol. Le capitaine Monistrol — je ne crois pas encore l'avoir dit — était un homme déjà mûr, retraité depuis deux ans, et célibataire enragé. Il avait fait avec éclat les dernières campagnes d'Afrique. J'ajouterai que, sous des apparences moroses, il cachait ou montrait, selon les gens et les circonstances, des qualités de finesse qu'il avait dû exercer parmi les Arabes.

— Es-tu prêt? dis-je à Édouard, en entrant.

— Laisse-moi achever mon cigare, et je suis à toi, me répondit-il.

— Songe que notre rendez-vous au café du Helder est pour midi, et qu'il est onze heures trois quarts.

— Onze heures et demie, rétablissons le texte, fit-il en levant les yeux sur la pendule.

— Voyons, mets ton chapeau, et passons chez le capitaine Monistrol, pour le prendre.

Édouard ne bougea pas.

— Oh! murmura-t-il, le capitaine Monistrol en a bien pour vingt minutes; il se prépare.

— Qu'est-ce que tu veux dire?

— Je veux dire qu'il est en train d'*étouffer des perroquets*.

Je regardai Édouard avec une telle nuance d'inquiétude, qu'il ne put s'empêcher de rire.

— C'est juste, reprit-il, tu ne possèdes pas à fond comme moi ton capitaine Monistrol; je vais t'en inculquer les premières notions. — Le capitaine Monistrol, qui est, comme tu n'en ignores, le meilleur homme de la terre, a contracté en Afrique une déplorable habitude, celle de l'absinthe. Il en rougit, et il se cache honnêtement pour absorber, tous les matins, cinq ou six verres de cette infâme liqueur verte.

— Cinq ou six verres!

— Quand ce n'est pas davantage. Il appelle cela, dans son pittoresque langage des camps : *étouffer des perroquets*. Aujourd'hui qu'il est de revue, c'est-à-dire de déjeuner, je ne répondrais pas qu'il n'en étouffât quelques-uns de plus. Du reste, nous pouvons nous en assurer.

— Comment cela? demandai-je.

— Suis-moi et fais doucement.

Il se leva et s'engagea dans un corridor circulaire aboutissant à une porte vitrée. Je le suivais en silence. Là, par le coin d'un rideau écarté, il me fit apercevoir le capitaine Monistrol, assis à une table, devant une grosse bouteille et un grand verre. Pour la première fois, je remarquai le feu de ses pommettes, contrastant avec le ton blafard du reste du visage. Il parlait haut, et ses paroles m'arrivaient distinctement.

— Si tu veux assister à une comédie sur laquelle je suis blasé, reste ici, me dit Édouard à l'oreille; je vais m'habiller et je te rejoins dans un moment.

Me voilà donc seul à examiner clandestinement le capitaine Monistrol, qui *battait* son absinthe à légers coups d'eau, ainsi que le recommandent les maîtres, et qui apportait à cette opération une expression de profond contentement. Il laissa ensuite reposer son verre pendant quelques minutes, toujours selon les grands préceptes; après quoi, il le porta à ses lèvres et but savamment, en prenant des temps comme les acteurs. Cet acte accompli, le capitaine Monistrol se frotta les mains, fit plusieurs « Hum ! hum ! » de satisfaction, et entama le monologue suivant :

— Tout va bien... deux verres, c'est raisonnable... à cause de ce déjeuner qui sera sans doute important... c'est même une précaution hygiénique... très-hygiénique... deux verres, c'est assez... plus, ce serait l'abus... bornons-nous là; oui, bornons-nous là... il n'y a aucune raison pour récidiver... aucune... aucune...

Disant cela, le capitaine Monistrol regardait autour de lui; il paraissait embarrassé; il fixait la bouteille d'absinthe, en répétant machinalement : « Aucune... aucune... » Il poussait des soupirs, il réfléchissait. Je n'y comprenais rien. Tout à coup, et comme s'il ne pouvait y tenir plus longtemps, je le vois se diriger sournoisement vers la porte et y frapper deux coups avec son doigt. « — Entrez ! — Monsieur le capitaine Monistrol, « s'il vous plaît? dit-il, en contrefaisant sa voix. — C'est « moi, réplique-t-il de son ton naturel et en feignant « d'introduire une personne; qu'est-ce qu'il y a pour « votre service? — Monsieur, je n'ai pas l'avantage « d'être connu de vous, mais j'arrive de votre pays et je « suis chargé de tous les compliments de votre famille. « — De ma famille? Ah! monsieur, donnez-vous donc

« la peine de vous asseoir, je vous en prie. » Le capitaine Monistrol exécute consciencieusement la mise en scène de cet entretien fictif; il approche des siéges, il s'empresse. « — J'espère, reprend-il, en s'adressant à « son invisible interlocuteur, que vous voudrez bien me « faire le plaisir d'accepter quelque chose. — Excusez-« moi, monsieur, j'ai l'habitude de ne jamais rien pren-« dre entre mes repas. — Entre les repas, je conçois « cela, mais avant... un verre d'absinthe, par exemple, « monsieur... j'en ai justement là d'excellente. — Alors, « c'est pour ne pas vous refuser. »

Le capitaine Monistrol triomphe; il bat deux autres verres d'absinthe, il est content, il est expansif. — « Vous « dites donc que ma famille se porte bien? » se demande-« t-il. — « A merveille! » se répond-il. — « Et ma « tante d'Hazebrouck? — Elle ne parle que de vous. — « A votre santé! — A la vôtre, capitaine! » — Il va sans dire que le capitaine *étouffe les deux perroquets*. — Si « nous recommencions? » dit-il à son hôte imaginaire. « — Oh! pour cette fois, capitaine, je n'en ferai rien. — « Allons donc! — Non, capitaine, je vous jure; j'ai plu-« sieurs visites à rendre ce matin, et je vous demande la « permission de prendre congé de vous. — Vraiment, ne « peut-on remettre ces visites? — Impossible. — C'est « désolant. — Désolant *pour moi*, capitaine. — Au « moins, permettez-moi de vous reconduire. — Je ne le « souffrirai pas, capitaine. — Cela sera pourtant, mon-« sieur, car je suis sur mon terrain. — Adieu donc,

« capitaine. — Adieu, monsieur. Enchanté d'avoir « fait votre connaissance. »

Sur ces mots, le capitaine Monistrol simule un bruit de pas et incline son corps à plusieurs reprises. Puis il revient vers la table, en murmurant : — « Charmant, « ce monsieur! Très-bien, ce monsieur! »

J'avoue que ma curiosité était vivement excitée par cette comédie, comme l'avait justement appelée Édouard. Je m'intéressais au capitaine Monistrol ; je le trouvais touchant dans sa lutte contre sa passion funeste; j'admirais sa puissance d'imagination, l'ingéniosité de son subterfuge. Cet homme avait le génie de son vice.

Quoique persuadé que cette scène était terminée, je restais cependant à mon poste. Le capitaine Monistrol avait rebouché soigneusement la bouteille d'absinthe; il rassemblait les verres sur le plateau, comme pour serrer le tout. C'était bien fini, et j'allais me retirer, lorsque soudain il s'interrompt. Il abandonne le plateau; son air devient indécis et songeur; il fait cinq ou six tours dans la chambre, en essayant de fredonner. Je devine qu'un combat se livre dans son esprit, car je l'entends prononcer à demi-voix : — « Non! non! c'est assez! » Il semble s'armer d'héroïsme; il ressaisit le plateau et prend le chemin de l'armoire; mais là, sa résolution faiblit; il s'immobilise, il tend l'oreille, il a cru entendre frapper derechef ; il se prête à cette nouvelle illusion, et le voilà qui recommence son dialogue : — « Capitaine, c'est en-

« core moi. — *Encore* est un mot de trop, monsieur; « je suis charmé de vous revoir. — Capitaine, j'ai ou- « blié ma canne. — En vérité, monsieur? Eh bien, nous « allons la chercher ensemble. — Je crois l'avoir laissée « près de la cheminée.—Près de la cheminée? Voyons. » Et le capitaine Monistrol de fureter dans la chambre, jusqu'à ce qu'il ait découvert sa propre canne. — « Ah! « s'écrie-t-il, je parie que j'ai la main dessus. — En « effet, capitaine, et il ne me reste plus qu'à vous remer- « cier. — Un instant! puisque nous avons retrouvé votre « canne, il faut prendre un dernier verre d'absinthe. — « Vous êtes bien bon, capitaine, mais je suis attendu, « et... — On ne peut pas s'en aller sur une seule jambe, « que diable! — C'est que, voyez-vous, capitaine, l'ab- « sinthe me trouble un peu. — Bah! bah! un grand « garçon comme vous! vous voulez rire; d'abord, je ne « lâche pas la canne. — Puisque vous l'exigez... — « Certainement, je l'exige. »

Et deux nouveaux verres d'absinthe sont confectionnés, battus, engloutis. Mais, cette fois, les adieux ne se prolongent pas. Le capitaine Monistrol a des remords; il pousse vers la porte son visiteur; il le salue à peine; je l'entends qui murmure : « — Importun! intrigant! D'où sort ce quidam-là? » Le capitaine Monistrol a hâte de passer l'éponge sur cette espièglerie; il serre pour tout de bon la bouteille accusatrice au fond du placard; il fait disparaître les verres, comme s'ils lui brûlaient les doigts. Tout est réparé. Le capitaine Monistrol respire;

il s'examine dans une glace; il donne un coup d'œil à sa cravate, un coup de brosse à sa redingote; il sort.

Édouard et moi, nous le rejoignîmes sur le palier.

— Ah! ah! s'écria-t-il en nous tendant la main; fidèles au poste! Bravo! J'ai un appétit d'enfer!

Au café du Helder, nous trouvâmes nos six partenaires. L'un d'eux, s'adressant directement au capitaine Monistrol :

— Capitaine, un verre d'absinthe! lui dit-il.

— Merci; j'y ai décidément renoncé, répondit le capitaine Monistrol.

— Avant déjeuner, cela ne peut pas vous faire de mal.

— Eh bien, dit le capitaine Monistrol, un verre d'absinthe, soit... mais avec de l'anisette... beaucoup d'anisette.

LE PETIT JOURNAL EN PROVINCE

Une table à thé, à cent lieues de Paris. Des lampes à abat-jour vert. Sept ou huit personnes rassemblées chez madame de Segonzac. Honnêtes et calmes physionomies. Une jeune fille, Cécile, brodant. Le portrait de M. de Segonzac, en costume de lieutenant général.

M. BOUDOT. — ... Je ne dis pas le contraire ; mais en prenant par le Mail on est bien plus vite arrivé; on gagne cinq minutes au moins... tandis qu'en passant devant la Préfecture vous êtes obligé de faire un détour... sans compter que la rue Saint-Éloi est pavée de petits cailloux fort pointus qui abîment la chaussure... je ne vous le dis pas sans l'avoir expérimenté... la Préfecture...

MADAME DE SEGONZAC, *à une femme de chambre qui entre.* — Qu'est-ce que c'est, Virginie?

VIRGINIE. — C'est votre journal, madame.

MADAME DE SEGONZAC, *déchirant la bande.* — Mais non, ce n'est pas mon journal; c'est celui de mon fils. (*Elle le pose sur la table.*)

VIRGINIE. — Dame! il n'en est pas venu d'autre aujourd'hui. (*Elle sort.*)

MADAME DE SEGONZAC. — Comme c'est agréable! pas de journal. Voilà deux fois que cela arrive depuis le commencement du mois!

MADAME CELLERIER. — Et le journal de votre fils, quel est-il?

MADAME DE SEGONZAC. — Le journal de Célestin? Je ne ne sais pas; je ne l'ai jamais regardé.

M. BOTTANT-GAGNEUX, *lisant le titre.* — *Figaro...*

MADAME CELLERIER. — C'est peut-être intéressant.

CÉCILE. — Il y a une image...

M. BOTTANT-GAGNEUX. — Oui, le Barbier de Séville, le héros de Beaumarchais... Voyez donc, Boudot; il ressemble à Tilliard.

BOUDOT. — C'est, ma foi vrai... à Tilliard, quand il est de bonne humeur... Oh! c'est prodigieux!...

MADAME CELLERIER ET MADAME DUCLOUX. — Messieurs, laissez-nous voir aussi... Ah! Tilliard!... c'est frappant!

M. JOUSSAUME. — Seulement, je trouve que le dessinateur aurait dû le représenter avec son parapluie.

MADAME DE SEGONZAC. — Eh bien, puisque cela ressemble tant à Tilliard, il faut nous lire cela, monsieur Bottant-Gagneux.

MADAME CELLERIER. — Ah oui !

BOUDOT. — Journal pour journal, c'est toujours un journal. Il ne peut y avoir dedans que ce qu'il y a dans les autres... les événements sont les mêmes pour tous... reste le point de vue, sur lequel chacun peut différer... mais il en est de cela comme de toutes choses : on en prend et on en laisse... pourquoi...

MADAME DUCLOUX. — Monsieur Boudot ! monsieur Boudot ! un peu de silence, s'il vous plaît.

M. BOTTANT-GAGNEUX. — Le premier article est intitulé : *Chronique parisienne.* Je commence : « — Cette semaine « a été attristée par l'indélicatesse d'un jeune garçon « qui, mû par une cupidité blâmable, n'a pas craint « d'*empoisonner toute une famille de bottiers* Mec- « klembourgeois, au sein de laquelle il demeurait. Il « ne m'appartient point d'afficher une sensiblerie dé- « placée au sujet des bottiers Mecklembourgeois : je « n'ai personnellement ni à m'en louer ni à m'en plain- « dre; mon bottier est Picard et demeure rue Jacob. « Cependant, je ne peux m'empêcher de gémir sur les « funestes penchants de ce jeune garçon, que rien n'a « pu arrêter dans l'accomplissement de son forfait, ni « le souvenir de l'hospitalité reçue, ni le cri de sa con- « science, ni la crainte de la gendarmerie départemen- « tale. S'il faut en croire les feuilles judiciaires, ce « précoce scélérat aurait allégué pour sa justification « que les susdits bottiers s'obstinaient à lui faire des « bottes trop étroites. Nous hésitons à croire que ce

« moyen de défense, quelque ingénieux qu'il puisse pa-
« raître au premier abord, trouve du crédit auprès de
« la justice... »

M. JOUSSAUME. — C'est très-bien dit.

M. BOUDOT. — Oui... certainement... oui... Mais ne vous semble-t-il pas, comme à moi, que cet auteur... que je ne connais pas, du reste... dont j'ignore le nom... le prend sur un ton... là... comme qui dirait... goguenard, enfin?

MADAME CELLERIER. — Mais non.

MADAME DUCLOUX. — Mais non.

MADAME CELLERIER. — Vous voilà bien, avec vos méfiances habituelles, monsieur Boudot!

MONSIEUR BOUDOT. — Mettons que je me trompe, mesdames; je n'ai aucun mérite à vous faire cette concession... Continuez, monsieur Bottant-Gagneux.

M. BOTTANT-GAGNEUX. — Volontiers. (*Lisant.*) « Nous
« sommes heureux d'avoir à apprendre une bonne nou-
« velle à nos lecteurs. Saint-Ildefonse, notre grand
« Saint-Ildefonse, sous-chef de claque à l'Ambigu, vient
« de réaliser un héritage immense. Une princesse po-
« lonaise, qui, pendant les dures années de l'exil, avait
« eu tout le temps d'admirer sa belle tenue sous le lus-
« tre et l'éclat de ses chaînes de montre, lègue à Saint-
« Ildefonse une centaine de mille livres de rente. —
« Il paraît qu'il y a encore des princesses polonaises;
« dans les mauvaises années, on en fait avec des mo-
« distes du Gros-Caillou. — Le monde des lettres et des

« arts doit se féliciter tout entier de la chance qui atteint « notre bien-aimé Saint-Ildefonse. Cela prouve qu'une « belle tenue et un assortiment varié de chaînes de « montre trouvent toujours leur récompense ici-bas. A « l'occasion de cet héritage, il y a eu au café Achille un « grand souper, suivi d'un bal par souscription, auquel « assistaient toutes les étoiles des bouis-bouis du boule- « vard du Temple. »

M. JOUSSAUME, *interrompant.* — *Bouis-bouis?*

M. CHOUIPPE JUNIOR. — Les *étoiles* des *bouis-bouis?*

M. BOTTANT-GAGNEUX, *continuant.* — « On a particu- « lièrement remarqué, à cette fête de l'intelligence, « mademoiselle Camusette, la jeune première du théâtre « du Petit-Lazari, laquelle, dans un aimable et piquant « abandon, s'est écriée en frappant sur le ventre de notre « célèbre Saint-Ildefonse : — C'est égal, mon bon- « homme, tu as une rude chance, tout de même! »

MADAME DE SEGONZAC. — Cécile, va chercher mon étui à lunettes, que je crois avoir oublié dans ma chambre.

CÉCILE. — Ma tante, vous l'aviez à côté de vous, il n'y a qu'un instant.

MADAME DE SEGONZAC. — Va t'en assurer, ma Cécile, va. (*Cécile sort lentement.*) Dites donc, il est un peu égrillard, le journal de Célestin.

M. BOTTANT-GAGNEUX. — Bah! cela ne dépasse pas la plaisanterie.

MADAME CELLERIER. — Non, non.

M. BOTTANT-GAGNEUX. — Faut-il poursuivre?

MADAME DE SEGONZAC. — Puisque nous sommes entre nous...

(*On achève la* Chronique parisienne, *qui détermine l'approbation presque unanime.*)

M. JOUSSAUME. — Il y a le trait.

M. CHOUIPPE JUNIOR. — Oui, c'est dans le genre du *Nain jaune.*

M. BOUDOT. — Je persiste dans mon dire : on ne sait pas si cet auteur... que je n'ai jamais vu... plaisante ou ne plaisante pas. Il a une façon d'exagérer les petites choses et de diminuer les grandes... qui lui est propre... ce doit être un tout jeune homme... la jeunesse seule est capable de...

MADAME DUCLOUX. — Voyons la suite du journal, monsieur Bottant-Gagneux.

MADAME DE SEGONZAC. — Ne craignez-vous pas de vous fatiguer?

M. BOTTANT-GAGNEUX. — Vous êtes trop bonne madame; j'ai une poitrine de fer.

MADAME DUCLOUX. — Ah! tant mieux.

M. BOTTANT-GAGNEUX. — Le second article a pour titre : *Paris dansant*, et pour sous-titre : *Le bal des Folies-Casseroles.*

MADAME CELLERIER. — Voilà qui doit être amusant.

M. BOTTANT-GAGNEUX, *parcourant.* — Hum!... peste!... (*Lisant à part.*) « La petite Gnan-gnan, ainsi surnom« mée, à cause de son parler enfantin, avait un air « pâle et maladif; on eût dit un bouquet de violettes

« ramassé dans le ruisseau. — Ernest! dit-elle au jeune « homme de l'orchestre, qui jouait de la basse, j'ai « dîné aujourd'hui d'un radis noir seulement, mais je « t'aime bien, va! » Diable!... (*Il continue à voix basse.*)

MADAME DUCLOUX. — Eh bien, pourquoi ne lisez-vous pas tout haut?

M. BOTTANT-GAGNEUX. — C'est que... c'est bien long... trois, quatre, cinq colonnes.

M. CHOUIPPE JUNIOR, *regardant.* — Tiens! c'est signé : *Jean Rousseau.*

M. JOUSSAUME, *avidement.* — Jean-Jacques Rousseau?

M. BOTTANT-GAGNEUX. — Non Jean Rousseau. Quelque descendant sans doute... Cela paraît fort intéressant, d'ailleurs... Je propose de réserver cette étude pour la bonne bouche et de passer aux *Nouvelles à la main...* Ah! des *Nouvelles à la main...* Voulez-vous?

M. BOUDOT. — Oui; des nouvelles; c'est plus positif.

M. BOTTANT-GAGNEUX, *lisant.* — « Jeudi dernier, vers « trois heures de l'après-midi, sur le boulevard Mont- « martre, M. Hostein se promenait, rêvant de la deux « cent cinquantième représentation de l'*Histoire d'un « Drapeau*, lorsqu'il aperçut un gandin...

M. JOUSSAUME. — Un gandin?

MADAME DE SEGONZAC. — Qu'est-ce que c'est que cela?

M. BOUDOT. — Attendez donc... un gandin... j'ai comme une idée que c'est un oiseau... La suite de la nouvelle va nous éclairer.

M. BOTTANT-GAGNEUX. — « Un gandin, qui lui dit en

« lui serrant la main... » Non, ce n'est pas un oiseau. « — Mon cher, je vous offre mon compliment très- « sincère; voilà un succès qui va faire enrager tous les « bons petits camaros... » *Camaros?* Je ne comprends pas.

M. BOUDOT. — Ce sont probablement des mots d'auteur... Passez, Bottant-Gagneux...

MADAME CELLERIER. — Oui, une autre nouvelle.

M. BOTTANT-GAGNEUX. — Je le veux bien. (*Lisant.*) « Tout le monde, à Paris, sait aujourd'hui que de Goy « a le sac... » Le sac .. oui... le sac... « Mais un sac « véritable, authentique, en toile de la Banque. Antonio « Watripon a été admis à le voir. Aucun doute n'est « donc plus permis aujourd'hui sur l'opulence de « notre cher traducteur, qui, il faut bien le dire, avait « passé sa vie jusqu'à présent à se fourrer le doigt « dans l'œil. »

MADAME DE SEGONZAC. — Pauvre homme!

M. CHOUIPPE JUNIOR. — Quelle singulière habitude! cela devait lui faire bien du mal.

MADAME DUCLOUX. — Allons, messieurs, moins de bruit, s'il vous plaît. Monsieur Bottant-Gagneux, des nouvelles!

M. BOTTANT-GAGNEUX. — Je suis à vos ordres... Ah! en voici une qui concerne M. Scribe.

MADAME CELLERIER. — Le petit Scribe, l'auteur de la *Demoiselle à marier?* Quel joli talent!

M. JOUSSAUME. — Est-ce qu'il travaille toujours pour le théâtre?

M. BOTTANT-GAGNEUX, *lisant.* — « M. Scribe ne pouvait se consoler de sa dernière veste... »

MADAME CELLERIER. — *Comment!* il *porte* des vestes, M. Scribe?

MADAME DE SEGONZAC. — Ah! c'est de la coquetterie!

M. BOTTANT-GAGNEUX, *lisant.* — « Dans sa douleur, il « se trouvait malheureux d'être un immortel. Tous les « matins, il se promenait dans son porc... »

TOUS. — Hein?

M. BOTTANT-GAGNEUX. — Pardonnez-moi... c'est moi qui me trompe... « Il se promenait dans son parc... son « parc... Il épanchait sa mélancolie dans les urnes de « ses naïades de marbre; il apostrophait les fleurs du « rivage qui lui font un printemps éternel, et leur « disait : — Se peut-il que ma *Fille de trente ans* ait fait « un four!

MADAME DE SEGONZAC. — Répétez donc.

M. BOTTANT-GAGNEUX, *lisant.* — Se peut-il que ma *Fille de trente ans* ait fait un four? »

MADAME DE SEGONZAC. — Qu'est-ce que cela signifie?

M. CHOUIPPE JUNIOR. — Une fille qui fait un four!

M. BOTTANT-GAGNEUX. — Je lis ce qui est écrit, mais je suis irresponsable, je vous en préviens. (*Lisant.*) « Il ajoutait : — C'est la faute de mon *collabo.* »

M. BOUDOT. — Pour le coup, cela devient intolérable... *Collabo*, *four*, *veste*, *sac*, *gandin*... Quel est ce baragouin nouveau? (*On entend le bruit lourd d'une porte cochère qu'on referme.*)

MADAME DE SEGONZAC. — Ah! voilà Célestin qui rentre; nous allons lui demander des explications.

CÉLESTIN. — Bonsoir, maman. (*Il l'embrasse.*) Où est donc Cécile?

MADAME DE SEGONZAC. — Tu viens du cercle?

CÉLESTIN. — Dis donc du club, maman... Bonsoir, monsieur Bottant-Gagneux... (*Apercevant le Figaro.*) Tiens! vous lisiez mon canard?

M. CHOUIPPE JUNIOR. — Son *canard?*

M. BOUDOT, *haussant les épaules.* — Un *canard*, à présent! c'est le renversement du monde!

MADAME DE SEGONZAC. — Tu reçois là un drôle de journal, mon ami.

CÉLESTIN. — N'est-ce pas qu'il est amusant?

MADAME DE SEGONZAC. — A dire vrai, nous n'en savons trop rien.

CÉLESTIN, *souriant.* — Ah! c'est juste.... pour qu'il amuse il faut le comprendre.

M. BOUDOT. — Et pour le comprendre?...

CÉLESTIN. — Il faut y être abonné.

M. CHOUIPPE JUNIOR. — Il a peut-être raison.

CÉLESTIN. — Madame Cellerier, une tasse de thé, s'il vous plaît... Mais où donc est Cécile?

LES

SOUFFRANCES D'UN EMPRUNTEUR

MYSTÈRE EN TROIS JOURNÉES

PREMIÈRE JOURNÉE

SCÈNE PREMIÈRE

Le théâtre représente un salon. Au lever du rideau, M. de Bourdensac, personnage opulent, cause familièrement avec un jeune homme que nous désignerons sous le nom de Landry.

DE BOURDENSAC. — Pourquoi n'avez-vous pas commencé par me dire cela tout de suite? Que vous êtes enfant! C'est mille écus qu'il vous faut?

LANDRY. — Mille écus, oui. Et je peux vous avouer...

DE BOURDENSAC. — N'avouez rien; c'est inutile. Je vous en veux seulement d'avoir pris tant de détours avec moi.

LANDRY. — Écoutez donc; si vous croyez que c'est amusant d'emprunter!

DE BOURDENSAC. — C'est pourtant bien naturel.

LANDRY. — Je voudrais vous y voir.

DE BOURDENSAC. — Ma foi, mon cher, vous m'y verriez moins gauche et moins embarrassé que vous, j'en ai la certitude. Vous autres, hommes d'intelligence, — non, je veux dire hommes d'art et de poésie, — vous ne savez pas le premier mot de la théorie de l'emprunt. Vous arrivez chez nous avec des mines contristées, avec des regards inquiets, avec des paroles bourrées de défiance. Votre abord seul nous donne froid. Que diable! ne sauriez-vous nous faire la gracieuseté d'une physionomie épanouie et cordiale? L'incertitude du résultat, dites-vous. Eh! mon cher Landry, lorsque vous vous avisez de faire la cour à une femme, n'avez-vous pas la même incertitude? Cela ne vous empêche pas de déployer auprès d'elle toute votre amabilité. Eh bien, un rendez-vous d'argent est la même chose qu'un rendez-vous d'amour; vous êtes conduit à l'un comme à l'autre par l'espérance. Or, l'espérance ne veut pas de ces airs mortifiés. — Je ne suis pas très-exigeant, et cependant j'ai pour principe que l'argent est comme la femme : il mérite qu'on lui fasse un peu la cour.

LANDRY. — Il y aurait bien des choses à vous répondre là-dessus.

DE BOURDENSAC. — Enfin, n'est-il pas étrange que ce

soit moi, dans cette circonstance, qui cherche à vous remettre en votre légitime place? Vous doutez trop de vous, Landry; vous vous faites injure. Vous êtes homme d'esprit, je suis à peu près millionnaire; nous sommes manche à manche. Si la partie était inégale, ce ne pourrait être que de mon côté, car je n'ai pas toujours eu de l'argent, tandis que vous avez toujours eu de l'esprit. — Je vous prêterai *vos* mille écus.

LANDRY. — Vous me rendez là un service...

DE BOURDENSAC. — Laissez donc. J'attends précisément mon notaire aujourd'hui ou demain : nous avons à causer. Voulez-vous revenir après-demain?

LANDRY. — Après-demain, soit.

DE BOURDENSAC. — C'est une affaire arrangée, mon cher Landry. Je suis content que vous vous soyez souvenu de moi. Vrai! (*Le reconduisant.*) Eh! dites, voyez-vous toujours la petite Chose?

LANDRY. — La petite qui?

DE BOURDENSAC. — Faites donc l'ignorant! Ah çà! de bonne foi, est-ce que vous croyez, parce que je suis devenu riche, que j'ai cessé d'être viveur? (*S'appuyant sur le bras de Landry.*) Il faudra que nous fassions un petit souper, un de ces soirs... à quatre. Vous verrez que je suis encore un assez bon compagnon.

LANDRY. — Je n'en doute pas.

DE BOURDENSAC. — Si, si, vous en doutez. Vous êtes farci de préjugés contre la richesse. Mais vous verrez, vous verrez! — Adieu, mon cher. A après-demain. Mille écus. Adieu.

LANDRY. — A après-demain.

SCÈNE II

LANDRY, *descendant l'escalier en fredonnant.* — Les dieux m'ont entendu... je leur sacrifierai quelque animal en rentrant chez moi. Ce Bourdensac est le plus charmant des hommes. Une délicatesse! — A après-demain, a-t-il dit. Bah! quarante-huit heures sont vite passées.

En traversant la cour, il voit le domestique Jean occupé à faire trotter un cheval. Il s'arrête.

JEAN. — Hop! hop!

LANDRY. — Voilà une jolie bête!

JEAN. — Je le crois bien. C'est *Astarté*, la jument de Monsieur.

LANDRY. — De Bourdensac? Bourdensac monte à cheval?

JEAN. — Tous les jours, à l'heure du bois; certainement. (*Flattant le cheval.*) Allons... là, là... voyons!

LANDRY, *inquiet.* — Il a l'air bien ombrageux.

JEAN. — Ah! pour cela, je vous en réponds. Il a déjà deux fois jeté Monsieur par terre.

LANDRY. — O mon Dieu! est-ce possible?

JEAN. — J'en sais quelque chose, puisque c'est moi

qui accompagne toujours Monsieur à la promenade. *(Contenant le cheval.)* Là, là... doucement, bébelle.

LANDRY. — Mon ami, je vous en supplie, veillez bien sur votre maître, sur Bourdensac... aujourd'hui et demain surtout... S'il allait lui arriver quelque accident! *(Il met cinq francs dans la main de Jean.)* Promettez-moi de ne pas le perdre de vue. — Maudit cheval! *(Il s'éloigne.)*

JEAN. — Soyez tranquille. — Voilà un monsieur qui aime joliment Monsieur! — Hop! hop!...

LANDRY, *s'en allant.* — Bourdensac monte à cheval... Comme si c'était une chose bien nécessaire — ou bien amusante! Risquer de se rompre le cou, au mépris de ses affections... et de ses engagements. C'est faire peu de cas de ceux qui vous sont attachés. On est viveur, soit, mais on est prudent. — Quarante-huit heures, c'est bien long!

SCÈNE III

LANDRY, *seul. Il se promène devant le Cercle de *** et jette de temps en temps un regard sur les fenêtres éclairées.* — Bourdensac est là-haut. Je me suis enquis de l'endroit où il passe ses soirées. Il joue, et joue gros jeu à ce qu'il parait. Funeste passion! On a vu des gens perdre en quelques heures sur le tapis vert le fruit de toute une existence de travail. — Est-ce une fortune bien réelle que celle de Bourdensac? Comment se fait-il qu'il n'ait pas mille écus dans son secrétaire? En me parlant, sa voix avait quelque chose de gouailleur; je me le rappelle à présent. Aurait-il voulu me mystifier? — Oh! je calomnie Bourdensac, le plus généreux des mortels! — Mortel? cette idée me donne un frisson. (*Minuit sonne.*) Il ne sortira pas de ce tripot! Je ne peux pourtant point rester là toute la nuit... J'aurais voulu, pour ma tranquillité, le voir s'éloigner vertueusement; moi-même, je l'aurais escorté, de loin, comme un bon Génie. Cette douceur me sera-t-elle refusée? — Je vais compter jusqu'à cent; à cent, je m'en irai. — Oh! le jeu! dire que l'on tolère cette plaie vivante au sein de Paris. — Il ne passe déjà plus un chat dans cette rue. Pas un magasin ouvert. Tous les théâtres ont vidé leurs salles. C'est un scandale, cette maison brillante! — Il serait stupide à moi d'attendre encore; je vais aller jusqu'à ce réverbère et revenir; ce sera tout; puis je partirai décidément. (*Minuit et demi.*) Au fait, Bourdensac gagne peut-être beaucoup d'argent là-haut; pourquoi m'évertuai-je à voir toujours les choses en noir? pourquoi repousserait-il la chance, si elle vient bénévolement à lui? Le jeu a ses favoris, comme il a ses victimes. — Quarante-huit heures! un siècle! (*Landry continue à se promener en long et en large devant la porte du Cercle.*)

DEUXIÈME JOURNÉE

SCÈNE PREMIÈRE

Le théâtre représente la chambre de Landry. Il est dix heures du matin. Landry dort d'un sommeil fiévreux.

LANDRY, *rêvant*. — ... Au secours! à l'aide! on égorge Bourdensac... arrêtez l'assassin... l'assass. . (*Il se réveille.*) Ah! l'atroce cauchemar! J'ai rêvé de lui toute la nuit. Je ne pourrais supporter longtemps une pareille existence. Levons-nous et allons prendre l'air.

Il sort. En passant sur le boulevard, il regarde machinalement aux vitres du café Cardinal.

Mais... je ne me trompe pas. C'est lui! — Non. — Si. — Le voilà bien, seul à cette petite table du fond. J'ignorais qu'il fréquentât les cafés. Déplorable habitude! — Il vient de déjeuner; cette assiette vide et cette bouteille l'attestent. Hum! il a bu la bouteille tout entière. C'est beaucoup pour le matin. Qui est-ce qui peut l'avoir forcé à sortir sitôt de chez lui? quelque affaire... concernant mes mille écus peut-être... Il me paraît plus rouge qu'à l'ordinaire. Une bouteille! une bouteille! c'est de l'imprudence quand on est aussi sanguin que Bourdensac. Avec cela que je ne l'ai jamais vu serré dans sa cravate comme aujourd'hui... — Bon! il prend du café maintenant; à quoi pense-t-il? le café est une plante essentiellement échauffante et qui ne lui convient nullement. Je connais son tempérament mieux que lui. On ne joue pas avec les coups de sang, morbleu! — Si je priais un des garçons d'aller lui desserrer sa cravate?

Je crois qu'il m'a vu. Effaçons-nous. Après cela, il a sans doute donné rendez-vous à son notaire. On est souvent plus libre dans un lieu public pour parler de ses intérêts..... Qu'est-ce qu'il fait? Il fume. Il ne fumait pas autrefois. Comme il se tient penché! il lit un journal. Mauvais pour la digestion! — Hein? du cognac! il se verse du cognac! il veut donc ruiner tout à fait sa santé? Le cognac de Paris, une jolie drogue!

Landry se promène avec agitation devant le café, puis il revient se coller aux vitres.

Vraiment, il y a des gens qui ne savent rien prendre avec modération; ils oublient tous les devoirs sociaux pour une jouissance matérielle d'un instant. Ce Bourdensac n'en finira pas. — Ah! un homme l'accoste respectueusement et, sur un geste, s'asseoit en face de lui. Ce doit être son notaire. Mais les notaires ne vont jamais au café; je suis absurde... — Il a cependant une cravate blanche. Pourquoi ne serait-ce pas un notaire au-dessus des préjugés? — Bourdensac lui offre de l'eau-de-vie et s'en verse pour la seconde fois. Pouah!

— Oh! oh! le notaire tire de sa poche un portefeuille... Est-ce un portefeuille ou un porte-cigare?

Un passant écrase le pied de Landry.

Aïe! aïe! — Butor! animal! bœuf gras! sauvage!... On s'excuse, au moins... — Il m'a empêché de voir ce qui m'importait le plus. Oui, oui, c'est un notaire; et le portefeuille qu'il vient de remettre à Bourdensac contient probablement mes mille écus. Tout est pour le mieux. — A son tour, le notaire fait un signe au garçon et lui dit un mot à l'oreille. Le garçon revient, apportant un flacon de liqueur. (*Criant.*) Non! non! c'est assez! c'est trop... Pas de bain de pied surtout!

Ces émotions me tueront... Ah! le notaire se lève : il va prendre congé. C'est heureux! il veut payer la consommation; Bourdensac lui arrête le bras. Le notaire se récrie... Nous la connaissons celle-là... Tu n'as pas plus envie que moi de payer, mon bonhomme! va-t'en donc! va-t'en donc!

Sur le boulevard.

J'aime à supposer que Bourdensac va rentrer chez lui, afin de déposer ce portefeuille dans son secrétaire. Que ne prend-il une voiture? il serait plus vite rendu, et il éviterait des rencontres importunes. Mais voyez donc cette démarche guillerette, et comme il regarde sous le nez les femmes qui passent! — Est-ce qu'il serait un peu *ému?* Oh! Bourdensac!

Eh bien! eh bien! ce n'est pas par là! il tourne à gauche, il se trompe; quelle distraction! — Il monte le faubourg Montmartre; assurément, je ne l'abandonnerai pas dans ce quartier de perdition. Passe encore s'il ne va pas plus loin que Notre-Dame-de-Lorette. — Allons! il traverse le trottoir, pour suivre cette jambe..... Conçoit-on qu'à notre époque il n'y ait pas encore d'édit qui interdise aux femmes de relever leur robe quand il fait un temps sec? C'est qu'en vérité il n'y a pas aujourd'hui un grain de boue sur le pavé. Effrontée! — Bourdensac ne se presse guère; je ne l'aurais jamais cru si flâneur... Bourdensac, mon petit Bourdensac, voyons, sois raisonnable; rentre chez toi, où tes affaires t'attendent; tu t'en trouveras bien, je te le promets. Bourdensac, tu as l'air indécis, tu t'arrêtes, tu sembles écouter une voix qui parle en toi... écoute-la, Bourdensac, c'est la voix du devoir!

Tout est perdu : il monte la rue Notre-Dame-de-Lorette!

Landry s'essuie le front.

Si je l'abordais? Si je feignais de le rencontrer, comme par hasard? Rien de plus naturel, ce me semble. Peut-être ma vue, la vue d'un ami, réagirait-elle salutairement sur sa conduite. Peut-être aussi, puisqu'il a de l'argent sur lui, me donnerait-il immédiatement mes mille écus... pour m'épargner une course? Oui, mais où et comment lui faire mon reçu. Et puis, qui m'assure qu'il ne me taxera pas d'indiscrétion? Ces hommes importants n'aiment pas à être surpris dans leurs écarts. Je risquerais de me nuire beaucoup dans son esprit. Mon idée n'a pas le sens commun. Contentons-nous de mon rôle d'ange gardien... section de la rue de Jérusalem. (*Avec éclat.*) Miséricorde! il entre au n° 12[1]... Voilà ce que je craignais!

Allons, voyons, du calme. Il se peut qu'il n'y ait pas autant de mal que je m'en imagine. Le n° 12 est occupé, au premier étage, par un fabricant de pianos; au second... il y a une enseigne au second : *Modes*. Hum! — Eh bien! quoi? Modes; voudrais-tu supprimer les ateliers de modes, à présent? — Bourdensac est bien libre, s'il lui plaît, d'aller acheter un chapeau ou un piano pour sa femme. Attendons-le. Il ne restera pas, d'ailleurs, toute la journée dans cette maison. Il se rappellera qu'il a des affaires, des obligations. . sacrées.

Cinq heures. — Bourdensac sort de la maison n° 12, avec une femme au bras.

Enfin! — Où a-t-il été pêcher cette infante? La tournure est bien singulière, et la toilette... Ouais! j'aurais supposé meilleur goût à Bourdensac. — Qu'est-ce qu'il

[1] Les habitants de la rue Notre-Dame-de-Lorette sont priés de croire que le n° 12 n'a pas plus de signification sous notre plume que le n° 7, le n° 20 ou tout autre numéro.

(*Note de l'auteur.*)

va faire de sa belle? Il ne peut pas s'afficher avec elle sur la voie publique. Je suis intrigué.

Bourdensac prend un coupé; Landry en prend un autre; les deux coupés arrivent en même temps à la gare du chemin de fer de Rouen.

En chemin de fer? Il part! il va voyager! avec son portefeuille! Il oublie notre rendez-voûs de demain. Ah! mais non, non! (*A un petit commissionnaire.*) Tiens! voilà dix sous; va dire à ce monsieur, que tu vois là-bas, qu'on le demande tout de suite chez lui, mais tout de suite.

LE COMMISSIONNAIRE. — Oui, monsieur.

LANDRY. - Je respire : Bourdensac se dirige vers le guichet d'Asnières; ce n'est pas une fuite. — Ah! mon commissionnaire s'approche de lui... Bourdensac l'écoute et semble se consulter... Il se fait répéter mes paroles... Il le renvoie avec un coup de pied. Malédiction! — C'est égal, je n'en aurai pas le démenti, je le suivrai à Asnières! je veillerai sur lui malgré lui!

SCÈNE II

Les bords de la Seine. Crépuscule. Landry sort d'un restaurant.

LANDRY. — Ces cloisons de cabinets sont si épaisses que je n'ai presque rien entendu de leur conversation. J'ai seulement compris, au dessert, qu'ils se jetaient les plats et les verres par le visage. — Trois heures à table! — Je ne répondrais pas de l'entière raison de Bourdensac. Le voici.

DE BOURDENSAC, *à la femme qu'il accompagne.* — Eh bien! quoi? puisque je te dis que j'ai tort, Mélanie.

MÉLANIE. — Vous êtes un manant!

LANDRY, *à l'écart.* — Comme il est enflammé! cela le défigure absolument. Qui dirait pourtant que c'est là une des colonnes de la finance! (*Une troupe de canotiers aborde au rivage.*)

DE BOURDENSAC, *les apostrophant.* — Ohé! tas de goujons! marins de poêle à frire!

MÉLANIE. — Tais-toi donc, tu vas t'attirer une querelle.

UN CANOTIER, *s'avançant.* — Monsieur, est-ce, par hasard, à nous que vous vous adressez?

DE BOURDENSAC. — Et pourquoi pas, Jean Bart? C'est donc carnaval toute l'année le long de la Seine?

MÉLANIE, *à part.* — Ah! il commence à m'ennuyer, ce Chinois! Ma foi, je le plante là. (*Elle s'en va. Un groupe se forme autour de Bourdensac.*)

LANDRY. — L'imprudent! Comment le tirer de ce mauvais pas?

BOURDENSAC. — Vous? ah ben! oui... venez-y donc... Je me f...iche de vous tous comme d'un hareng saur. (*Brouhaha.*)

LANDRY, *survenant.* — Monsieur a raison. Et vous êtes

un drôle, vous, entendez-vous? (*Il prend un canotier et le secoue au collet.*)

LE CANOTIER. — D'où sort-il, celui-là?

LANDRY. — Monsieur, c'est avec moi d'abord que vous aurez affaire.

LE CANOTIER. — Soit, car vous êtes le plus insolent... mais cela ne m'empêchera pas ensuite de régler le compte de monsieur.

LANDRY. — C'est ce que nous verrons. Voici ma carte.

LE CANOTIER. — Voici la mienne.

LANDRY. — Je serai chez vous demain matin, monsieur.

LE CANOTIER. — Quand il vous plaira, monsieur. (*Il s'éloigne avec sa compagnie. Chansons, se perdant petit à petit. Nuit close.*)

SCÈNE III

LANDRY, *revenant vers Bourdensac, qui est resté appuyé contre une borne.* — Bourdensac, mon ami, tout est fini, tout est arrangé. Venez.

DE BOURDENSAC. — Mé...lanie ? où est Méla...nie?

LANDRY. — Mélanie est partie. C'était une personne indigne de vous, Bourdensac. Donnez-moi votre bras.

DE BOURDENSAC. — Je veux tuer... Mélanie.

LANDRY. — Oui, nous tuerons Mélanie; c'est convenu. (*A part.*) Dans quel état, grand Dieu! Sa voix en est toute changée. (*Haut.*) Voyons, mon cher Bourdensac, du calme. Votre bras, là. Il s'agit de ne pas manquer le chemin de fer.

DE BOURDENSAC. — Je tuerai Mé...lanie!

LANDRY. — Parbleu! je l'entends bien de la sorte. (*A part.*) Un homme de son rang, s'enivrer à ce point; c'est inimaginable. (*Haut.*) Allons, relevez-vous, Bourdensac. Ne craignez pas de vous appuyer sur moi... comme cela... bien!

DE BOURDENSAC. — Vous êtes un bon jeune homme, vous; je ne vous connais pas, mais vous êtes... un bon jeune homme.

LANDRY. — Comment! vous ne me reconnaissez pas? C'est moi, Landry, moi... vous savez, Landry... les mille écus... demain...

DE BOURDENSAC. — Mille écus, je veux bien... pour Mélanie.

LANDRY, *à part.* — C'est étonnant! on dirait une autre voix... (*Haut.*) Bourdensac, vous m'effrayez; je crains que vous n'ayez été victime de quelque guet-apens. Répondez-moi : votre portefeuille, l'avez-vous toujours?

DE BOURDENSAC. — Pas de portefeuille... le portefeuille et moi, brouillés à mort... rincé le portefeuille... perdu dans les révolutions!

LANDRY, *troublé.* — Vous voulez plaisanter, sans doute, Bourdensac?

DE BOURDENSAC. — Je ne plaisante qu'avec Mélanie...

parce que Mélanie... vous comprenez, n'est-ce pas?

LANDRY. — Oui, Bourdensac.

DE BOURDENSAC. — Pourquoi m'appelez-vous toujours Bourdensac?

LANDRY. — Hein?

DE BOURDENSAC. — Je lui ressemble, c'est vrai... on me l'a déjà dit... mais je suis mieux... infiniment mieux. Allons au chemin de fer.

LANDRY, *lui lâchant le bras.* — Vous ne seriez pas Bourdensac?

DE BOURDENSAC. — Jamais... moi, Edgard.

LANDRY. — C'est impossible! (*Il cherche à l'amener sous un réverbère.*)

LE FAUX BOURDENSAC. — Mais si cela vous fait plaisir, appelez-moi Bourdensac tant que vous voudrez... ne vous gênez pas. Je m'y ferai.

LANDRY, *l'examinant de très-près.* — Miséricorde! ce n'est pas lui, en effet... et j'ai suivi cet ivrogne pendant douze heures!... Oh!

LE FAUX BOURDENSAC. — Appelez-moi Bourdensac, ou je croirai que vous êtes fâché.

LANDRY, *hors de lui.* — Va-t'en au diable! (*Il se sauve dans la direction du chemin de fer.*)

LE FAUX BOURDENSAC. — Moi, Edgard.

TROISIÈME JOURNÉE

SCÈNE UNIQUE

Même décor que celui de la première journée. M. de Bourdensac lit les journaux.

UN DOMESTIQUE, *annonçant*. — Monsieur Landry.

DE BOURDENSAC. — Ah! je vous attendais, mon cher ami... Votre argent est prêt. Prenez donc ce fauteuil.

LANDRY, *à part*. — Comment ai-je pu me tromper d'une façon aussi grossière... C'est qu'il ne ressemble pas du tout à l'autre!

DE BOURDENSAC. — Mais qu'avez-vous? un bras en écharpe... Qu'est-ce qui vous est arrivé, Landry?

LANDRY. — Rien. Un coup d'épée que je viens de recevoir pour vous.

DE BOURDENSAC. — Pour moi?

LANDRY. — Ou à cause de vous. C'est une histoire que je vous raconterai un de ces jours.

CONCERT DONNÉ PAR O'FLANCHARD

I

Entrée immédiate en matière. — Les journaux donnent le *la*. — Steeple-chase de rengaines. — Crescendo.

Le concert annuel du pianiste O'Flanchard aura lieu le 1er avril prochain, à la salle Herz.

(*Moniteur universel.*)

Le pianiste O'Flanchard donnera son concert annuel dans la salle Herz, le 1er avril prochain. Il y fera entendre ses nouvelles compositions. (*Journal des Débats.*)

C'est dans la salle Herz, le 1er avril prochain, que doit avoir lieu le concert du célèbre pianiste O'Flanchard.

La moitié des stalles est déjà retenue pour cette soirée, qui sera un véritable événement dans le monde musical. (La *Presse*.)

On nous prie d'annoncer le concert de M. O'Flanchard, pianiste. Nous le faisons avec d'autant plus de plaisir que M. O'Flanchard est un artiste sincère, dans l'acception la plus élevée de ce mot. On parle de deux compositions destinées au plus grand succès, et qu'il exécutera pour la première fois : *Adieu, patrie!* et la *Sieste des Cigales*. Rendez-vous le 1er avril, à la salle Herz. (Le *Siècle*.)

Nous sommes dans la saison des concerts. Jamais peut-être l'épidémie n'avait sévi avec autant de rigueur que cette année. Au milieu des pianistes en *of* et en *ski* dont Paris est en ce moment affligé, il serait injuste toutefois de ne pas créer une exception en faveur du jeune Irlandais O'Flanchard. Son jeu magistral et sobre, l'inépuisable variété de ses motifs, lui ont assigné le premier rang parmi les illustrations du piano. Les amateurs de bonne musique ne manqueront donc pas à son concert annuel, qui est annoncé pour le 1er avril prochain, à la salle Herz. (Le *Constitutionnel*.)

Personne n'ignore l'extrême réserve que nous nous sommes imposée à l'égard des musiciens et surtout des exécutants. Il faut tout le talent hors ligne et l'immense réputation du pianiste O'Flanchard pour nous décider à sortir de cette règle. C'est que le suave auteur de la *Sieste des Cigales* et de tant de petits chefs-d'œuvre de mélodie, unit à la science harmonique des vieux maîtres l'originalité et la fougue qui caractérisent l'école moderne. Dans une récente excursion en Belgique, O'Flanchard a recueilli partout sur son passage des ovations aussi flatteuses que légitimes. Il rapporte de son voyage plusieurs compositions nouvelles que nous aurons l'occasion d'applaudir à la salle Herz, le 1er avril prochain. Avis aux retardataires! (La *Patrie.*)

Il faut avoir entendu comme nous l'étonnant pianiste O'Flanchard pour se faire une idée des ressources inconnues que peut offrir le piano, cet instrument tant calomnié. Sous les mains savantes du prodigieux artiste, ce n'est plus un piano, c'est une flûte, c'est un violon, c'est un orgue, c'est un cor, ce sont les mille bruits de la création, les soupirs du vent dans les branches, les dialogues des rossignols dans la nuit sombre, les voix de la terre unies aux voix du ciel dans un ineffable cantique d'amour. O'Flanchard résume sans les imiter Thalberg, Liszt, Chopin, Doëhler, Prudent, Littolf et tous les princes de l'art; il sait marquer d'un incontestable cachet de nouveauté et de grâce ses moindres fantaisies, qui se trouvent aujourd'hui sur toutes les tables des salons. Quoi de plus adorable, par exemple, que son *boléro, n° 3 bis!* quel merveilleux caprice que : *Ce que le flot dit à l'étoile!* Toute la poésie des Alhambra a passé dans le premier ; toute la rêverie germanique se déploie dans le second. Aussi faut-il bien se garder de confondre O'Flanchard avec cette nuée de pianistes dont Paris voit invariablement le passage en cette saison. Parmi tous, son concert a le privilége d'attirer l'élite du monde aristocratique; il est fixé, cette année, au 1er avril, dans la salle Herz. Nous ferons connaitre le programme. (Le *Pays*.)

Tout Paris voudra être après-demain au concert si impatiemment attendu du grand pianiste O'Flanchard, à la salle Herz. (L'*Indépendance belge*.)

Demain, irrévocablement, le grand concert de O'Flanchard, à la salle Herz. Tout est loué. (Le *Nord*.)

A ce soir, huit heures, à la salle Herz, le magnifique concert de O'Flanchard, l'élu du piano! (Le *Charivari*.)

II

Où le lecteur verra, non sans quelque étonnement, tout ce qui peut tenir sur une feuille de papier timbré de trente-cinq centimes, et comment se font certaines réputations.

« Entre les soussignés, M. Félix-Léon Moreau, dit « *O'Flanchard*, musicien, demeurant à Paris, passage

« des Deux-Boules, n° 7, d'une part; et M. G.....i, en-
« trepreneur de succès, avenue de Neuilly, n° 42,
« d'autre part;

« Il a été convenu ce qui suit :

« M. G.....i s'engage :

« 1° A apporter tous ses soins à l'éclat et au retentissement du concert que doit donner ledit sieur Moreau, dans la salle Herz, le 1er avril prochain;

« 2° A garnir les trois premiers rangs des stalles de la façon la plus brillante, — soit quatre ou cinq familles étrangères, d'une apparence respectable; autant de demoiselles en robe blanche, décolletées, les bras nus, avec bouquets et fleurs dans les cheveux; quelques diplomates (chauves autant que possible), en cravates de batiste brodées et porteurs d'une brochette de croix;

« 3° A renforcer le pourtour d'une cinquantaine d'amateurs enthousiastes, ne craignant pas de traduire leur approbation par de vifs battements de mains avant et après chaque morceau de M. Moreau, — exclusivement. — Toilette convenable; les gants, nuisant à la sonorité des applaudissements, ne sont pas de rigueur.

« 4° A assurer la présence d'un minimum de trente célébrités, telles que feuilletonistes, comédiens, photographes, ambassadeurs, etc., etc.

« Moyennant quoi, le sieur Moreau, dit *O'Flanchard*, « s'engage, de son côté :

« 1° A compter audit sieur G.....i la somme de quatre cent cinquante francs, payables de la manière suivante; savoir : deux cent vingt-cinq francs aujourd'hui, et les autres deux cent vingt-cinq francs une « demi-heure avant le concert ;

« 2° A lui remettre une moyenne de deux cents billets « de stalles et de quatre-vingts places de pourtour ;

« 3° A lui tenir compte d'une gratification supplémentaire de deux francs par chaque tête de célébrité, « -- au-delà du nombre exigible précité plus haut.

« Fait double et de bonne foi entre les parties soussignées; à Paris, le 15 mars 1860.

« G.....i.

« *Approuvant l'écriture ci-dessus :*

« F. L. Moreau, dit *O'Flanchard.* »

III

Spécimen de la grande affiche jaune du concert. — Modèle de toutes les séductions artistiques. — Irrésistible programme.

SALLE HERZ

48, rue de la Victoire.

LE DIMANCHE 1er AVRIL, A 8 HEURES PRÉCISES

GRAND CONCERT

DONNÉ PAR

O'FLANCHARD

PIANISTE DE S. A. R. LA GR.-DUCHESSE DOUAIRIÈRE WILHELMINE DE HOCH-STUERN-STURN

AVEC LE CONCOURS DE MM. LETURC, TÉGUMENT, BARBÉZIEUX

ET Mme VAN-BEDEN-BEDEN-DEN

Première chanteuse du théâtre de Berg-op-zoom.

PROGRAMME

PREMIÈRE PARTIE

1° Ouverture du *Tannhauser*. . . . . CHAMPFLEURY.
2° Air varié pour violoncelle, exécuté par M. Tégument. . . . . TÉGUMENT.
3° *Adieu, patrie! — Allegro rapido*, exécutés par M. O'Flanchard. . O'FLANCHARD.
4° Duo de l'*Ambassadrice*, par M. Leturc et madame Van-Beden-Beden-den. . . . . AUBER.
5° *Quoi qu' ça te fait, Jeannette?* chansonnette comique exécutée par M. Barbézieux. . . . . HENRION.

DEUXIÈME PARTIE

1° Ouverture des *Bourgeois de Molinchart*. . . . . R. WAGNER.
2° Duo en *si bémol* pour piano et violoncelle, exécuté par MM. O'Flanchard et Tégument. . . . . BEETHOVEN.
3° Cavatine du *Barbier*, par madame Van-Beden-Beden-den. . . . . ROSSINI.
4° *Souvenir des Remparts de Namur*, — la *Sieste des Cigales*, — *Chœur de Graminées*, exécutés par M. O'Flanchard. . . . . O'FLANCHARD.
5° Prélude de Bach pour violoncelle, exécuté par M. Tégument. . . S. BACH.
6° *J' vas te cogner!* chanson villageoise, exécutée par M. Barbézieux. . HENRION.

LE CONCERT SERA TERMINÉ PAR

SIGNE D'ARGENT

Opérette en un acte, paroles de M. Clairville, musique de M. O'FLANCHARD

Exécutée par M. Leturc et Mme Van-beden-beden-den.

Stalles réservées : **10** fr. — Pourtour : **5** fr.

On peut se procurer des billets à la salle Herz et chez tous les marchands de musique.

IV

Le grand jour. — Comment et par qui O'Flanchard est rappelé. — Le doyen des pianistes. — Dernières et belles paroles de O'Flanchard.

LE PUBLIC DES STALLES. — Bravo! bravo!

LE PUBLIC DU POURTOUR. — Vive O'Flanchard! vive notre grand pianiste! (*O'Flanchard, très-ému, s'incline profondément; ses cheveux couvrent le piano.*)

UN VIEILLARD, *couvert de fourrures, se précipitant sur l'estrade.* — Laissez-moi, il faut que je le serre dans mes bras! O maître! (*Il prend O'Flanchard par le milieu du corps.*)

O'FLANCHARD. — Merci, merci... vous m'étouffez. Qui êtes-vous?

LE VIEILLARD. — Je suis le doyen des pianistes... cher enfant! type du véritable musicien!

LE PUBLIC DES STALLES. — Bravo! bravo!

LE PUBLIC DU POURTOUR. — Vive O'Flanchard!

O'FLANCHARD. — Mais lâchez-moi; je ne peux pas respirer.

LE VIEILLARD, *à voix basse.* — Vous ne me reconnaissez donc pas? c'est moi, G.....i, votre entrepreneur... Eh bien, êtes-vous content?

O'FLANCHARD, *avec hauteur.* — Monsieur, sachez que je n'ai rien de commun avec vous.

LE VIEILLARD. — Ingrat ! vous reviendrez me chercher l'année prochaine.

O'FLANCHARD. — Écoutez ces témoignages d'admiration, et dites si ce sont des bravos salariés !

LE VIEILLARD, *stupéfait*. — Elle est forte, celle-là !

O'FLANCHARD. — Demain, je pars pour ma grande tournée d'Allemagne.

LE VIEILLARD. — Oui, j'entends .. une retraite de deux mois à Montmartre. (*Il descend de l'estrade.*)

LE PUBLIC DES STALLES. — Bravo ! bravo !

LE PUBLIC DU POURTOUR. — Vive O'Flanchard !

LES SUIVEURS

---

§ I

CONSIDÉRATIONS GÉNÉRALES

Suiveurs de femmes, s'entend.

C'est une spécialité érotique, qui a pris, de nos jours, un développement considérable.

Certainement, il y a eu des suiveurs à toutes les époques : les faunes suivaient les nymphes dans les bois, Alcibiade suivait Naïs et Glycérion dans le faubourg du Céramique; le duc de Richelieu suivait les grisettes sous les marronniers du Palais-Royal.

« Ma jolie demoiselle, oserais-je hasarder de vous offrir mon bras et ma conduite? » — Qui dit cela? Faust, un suiveur, enseigné par Gœthe.

Mais, quelque grande qu'ait été la foule des suiveurs d'autrefois, elle ne peut s'égaler à celle des suiveurs d'aujourd'hui, plus nombreux que les étoiles du firmament, que les grains de sable du rivage de la mer, que les fautes de français de M. Scribe.

Tout le monde suit maintenant, — ou peu s'en faut, — le pauvre comme le riche, le titi comme le gentilhomme.

Suivre n'était jadis qu'un plaisir ou une fatalité ; le dix-neuvième siècle en a fait une science.

Aphorisme. — On ne suit qu'à Paris.

§ II

DISTINCTIONS

Il y a suiveur et suiveur.

N'est pas suiveur :

1° L'homme qui suit sa femme ou sa maitresse pour se convaincre d'une infidélité ;

2° Celui qui suit une fois par hasard, — pour voir ce que c'est, — et qui ne suivra plus ;

3° Le flâneur.

Je n'ignore pas que ce dernier a cependant des prétentions à être suiveur. Erreur énorme autant que risible! Le flâneur est précisément l'antipode du suiveur; — un rien l'arrête et le distrait : un embarras de voitures, une vente à la criée, une affiche qu'on pose, un ami qui lui serre la main, un bouton de son gilet qui saute, une révolution qui passe. Il perd à chaque minute l'objet qu'il suit — ou plutôt qu'il croit suivre.

Le vrai suiveur ne connaît ni rencontres ni obstacles. Dès qu'il suit, il ne s'appartient plus. Il va, les yeux fixés sur le but, roulant à travers la foule, se glissant comme par miracle entre deux roues de coupés, ne rendant aucun salut, inaccessible à la surprise, à la pitié, à l'enthousiasme; pardonnant à ceux qui coudoient, et coudoyant sans offrir d'excuses. Il est l'image du destin.

§ III

CLASSIFICATIONS

LES SUIVEURS DE JOUR. — LES SUIVEURS DU BOULEVARD. LES SUIVEURS DES JARDINS. — LES SUIVEURS EN OMNIBUS. — LES SUIVEURS EN CHEMIN DE FER.

Les suiveurs se divisent et se subdivisent en une infinité de genres et de sous-genres.

Il y a d'abord le suiveur diurne et le suiveur nocturne, de la même façon qu'il y a le papillon de jour et le papillon de nuit.

Il faut admirer sans réserve le suiveur de jour, celui qui *travaille* à la clarté du soleil. Celui-là est un mortel d'une essence supérieure. — Il est indispensable, par exemple, qu'il ait hanté l'école de la Palférine, pour y apprendre l'audace, la sérénité et le goût de l'imprévu.

Les boulevards, et par extension les Champs-Élysées, représentent le quartier général des suiveurs de jour. — Il en est qui, absolus dans leurs habitudes ou leurs systèmes, ont adopté un boulevard et ne le dépassent jamais. Si la femme qu'ils suivent n'est pas subjuguée à la hauteur de la Chaussée-d'Antin, ou si elle prend tout à coup une rue de traverse, ils l'abandonnent brusquement, quelque progrès qu'ils aient pu faire dans son esprit.

J'ai dit — subjuguée — par politesse; mais le mot exact et emprunté à la vénerie est : *levée*.

Après les boulevards, les jardins publics sont les endroits les plus affectionnés des suiveurs de jour. Les Tuileries, dont la physionomie se renouvelle plusieurs fois du matin au soir, viennent en première ligne; les employés de ministères en sont, après les ramiers, les hôtes naturels. — On les voit, tantôt suivre une bonne fortune facile sur la terrasse des Feuillants; tantôt, plus romanesques, s'enfonçant sous les arbres touffus qui versent l'ombre au sanglier d'Érymanthe, emboîter le pas d'une Galatée qui replie précipitamment sa broderie dans sa fuite. De plus habiles suivent tranquillement une dot autour du grand bassin, en ne dédaignant pas d'expliquer aux familles de province les mystères du jet d'eau et les habitudes des poissons rouges.

Le Palais-Royal a, depuis un temps immémorial, la spécialité des vitrines de bijouterie, miroirs qui ne manquent jamais leur effet sur les alouettes du jardin. La partie est belle pour le suiveur, lorsque par-dessus l'épaule d'une femme en contemplation devant des pierres brillantes il peut murmurer :

— Est-ce que vous avez arrêté votre choix, madame, sur quelques-uns de ces bijoux... moins éclatants que vos yeux? Voici des boucles d'oreille qui feraient merveilleusement bien sous vos beaux cheveux blonds..... Peut-être remarquez-vous cette bague?

Et autres banalités de même espèce, qui sont comme ces indispensables accords par lesquels on prélude à une importante symphonie.

Au Luxembourg, ce magnifique coin de verdure, les suiveurs sont des étudiants, — et quelquefois des professeurs. Ces derniers descendent discrètement dans la pépinière...

On suit beaucoup au Jardin des Plantes, dans le labyrinthe du Cèdre, le long de la fosse aux ours et devant le palais des singes. Messieurs les militaires y règnent presque exclusivement. — Jolis suiveurs, nos guerriers, et plus forts qu'on ne semble le croire!

Nous avons encore d'autres suiveurs de jour, — des spécialistes, tel que le suiveur dans les musées, mâtiné de cicérone, et particulièrement à l'affût des étrangères. C'est un des plus intelligents : il a chaud en hiver, il a frais en été, il se meut librement dans un milieu doré; rien ne l'empêche, selon les circonstances et selon les personnes, de se donner pour un riche amateur ou pour un artiste de génie. Qu'une *lady* paraisse indécise en consultant le livret, il ondule adroitement jusqu'à elle et laisse tomber ces mots :

— Ce tableau est de Corrége, madame .. dans son second style... la tête de Diane est ravissante, n'est-il pas vrai?... Et ces petits Amours... comme on leur pardonne leur nudité en faveur de leur grâce!

Le suiveur en omnibus procède plus bourgeoisement, et nous jurerions presque qu'il a le portrait de Paul de Kock dans son alcôve. Plusieurs chances d'entrer en conversation lui sont offertes.

La première :

— On est bien gêné dans ces omnibus... Ne craignez pas d'appuyer de mon côté, madame... c'est la mort aux toilettes.

Si la femme répond : « Oh! vous avez bien raison, monsieur! » un grand pas est fait. Par malheur, il arrive assez souvent que c'est une grosse voisine d'en face qui répond, en rangeant autant de chair que d'étoffe, le : « Vous avez bien raison! »

Deuxième chance :

— Voilà votre monnaie, madame... Ces conducteurs ont la rage de rendre des sous d'une malpropreté... Voulez-vous que je vous les change?

La dame sourit ou ne sourit pas. — Les autres chances sont entièrement du ressort du hasard. Un dernier recours est cependant réservé au suiveur : c'est le cas où la dame jetterait au conducteur de l'omnibus ces mots providentiels :

— Conducteur, vous m'arrêterez au coin de la rue Bleue.

Le suiveur, alors, ne se sent pas de joie, et cinq minutes ne se sont pas écoulées qu'il s'écrie :

— Eh bien! conducteur, madame vous a dit de l'arrêter au coin de la rue Blanche.

Il est évident que la femme sera forcée de répondre

— Mais non... Conducteur, n'arrêtez pas! Vous vous trompez, monsieur.

— Cependant, madame, vous avez dit...

— J'ai dit : rue Bleue, monsieur.

— Pardonnez un excès de zèle... j'avais entendu : rue Blanche.

— Oh! Il n'y a pas de mal, monsieur.

— Blanche ou bleue, d'ailleurs, ce n'est qu'une question de couleur...

— Et de distance, monsieur; etc., etc.

Après le suiveur en omnibus, il y a le suiveur en chemin de fer. C'est le plus déterminé. Méry a raconté, dans la *Chasse au chastre*, l'histoire d'un honnête Marseillais qui, parti de la Canebière à la poursuite d'un oiseau, ne s'arrête qu'à Naples. Tout suiveur a en lui l'étoffe d'un chasseur au chastre. « — Je vous suivrai jusqu'au bout du monde! » est une des exclamations les plus usitées au théâtre.

Au bout du monde! Ici finit naturellement la nomenclature des suiveurs de jour.

§ IV

ERRATUM

J'allais oublier un des sous-genres les plus intéressants, et à coup sûr le plus original :

LE SUIVEUR PERPENDICULAIRE.

C'est ce monomane qui suit :
Dans les tours de Notre-Dame ;
Dans la lanterne du Panthéon ;
Dans l'arc de triomphe de l'Étoile ;
Dans la colonne de Juillet ;
Et dans la colonne Vendôme.

La vie n'est pour lui qu'une longue spirale au bout de laquelle il rêve le bonheur.

§ V

SUITE DES CLASSIFICATIONS

LES SUIVEURS NOCTURNES — LES OFFREURS

Les suiveurs nocturnes constituent, il faut bien le dire, la majorité.

Nous sommes loin de les mépriser; mais nous devons leur reconnaître à un degré moindre les qualités d'imagination, de vaillance et d'originalité qui distinguent les suiveurs de jour.

Ce n'est pas que quelques-uns d'entre eux n'empruntent souvent aux ténèbres des inspirations d'un ordre remarquable. Les douces fumées d'un repas heureusement combiné leur fournissent quelquefois des saillies irrésistibles ou, dans tous les cas, une bonne humeur qui leur tient lieu d'éloquence. D'ailleurs, la nuit porte en elle son ivresse. Étoilée et chaude, elle communique aux sens une sorte de poésie; sombre et froide, elle détermine une irritation qui active le sang et fait vibrer la voix.

Vers huit heures, la rue Saint-Denis et la rue Saint-Martin lâchent leurs suiveurs d'ouvrières, — race mélangée, — qui commence à la blouse blanche pour finir à l'habit noir, en passant par le paletot sournois. L'éternel roman de la séduction se recommence là invariablement, chaque soir, avec ses mêmes émotions, ses mêmes moyens, — ses mêmes phases et ses mêmes phrases. Suiveurs et suivies s'en vont alors par bandes assez régulières, par essaims, pour se perdre dans les hauts faubourgs.....

On ne s'attend pas sans doute au dénombrement exact des suiveurs de nuit. Autant vaudrait me demander la flore complète de la Sénégambie. Quelques indications générales sur leurs habitudes suffiront, je pense, à l'avidité raisonnée de mon lecteur.

Les suiveurs, et surtout les suiveurs nocturnes, sont nécessairement offreurs. On ne comprendrait pas un suiveur avare. — Ils offrent donc, dans la gradation suivante :

Leur bras;

Une moitié de leur parapluie;

Une voiture;

Un souper.

Quelques-uns d'entre eux offrent bien leur bourse, mais nous n'avons pas à nous occuper de ceux-là. Ce sont des suiveurs sans conviction, sans foi en eux-mêmes, pressés d'arriver à un résultat, — des *gâte-métier* en un mot.

Vers minuit, tous les suiveurs nocturnes se confondent en un seul genre : les suiveurs de la fin des spectacles.

Avant d'aborder quelques variétés hors de tout cadre, nous voulons donner un résumé pratique des banalités qui s'échangent le plus fréquemment dans ces entretiens en plein air.

§ VI

LE CATÉCHISME DU SUIVEUR

DEMANDE. — Mon Dieu! madame... n'ai-je pas eu le plaisir de vous rencontrer chez madame Lagrange? (Nuances : Le *Mon Dieu! madame*, peut se remplacer par *Pardon, madame;* — le *plaisir* par *l'honneur* ou *l'avantage,* — et *madame Lagrange* par le *dernier bal de l'ambassade d'Angleterre* ou *chez Titine,* selon la tournure, la toilette et la physionomie de la femme qu'on suit.)

RÉPONSE. — Non, monsieur.

D. — C'est étonnant... absolument le même son de voix. Mais, madame, vous êtes infiniment plus gracieuse, et je m'applaudis de mon erreur... une erreur qui me procure l'occasion de voir une des plus jolies femmes de Paris. (Nuances : régler le pas sur celui de la personne suivie.)

R. — Monsieur, je vous prie de me laisser continuer mon chemin en liberté.

D. — Mais, madame, en quoi vous suis-je un obstacle? (Nuances : en procédant par interrogation, on a deux chances sur dix d'obtenir une réponse.)

R. — Vous me faites remarquer.

D. — Je ne vous répondrai pas, madame, que vous

avez tout à y gagner... mais je vous prierai de considérer qu'il est impossible de vous accompagner plus respectueusement que je le fais.

R. — Mais, monsieur, je ne veux pas être accompagnée.

D. — Il vous est bien aisé de dire : Je ne veux pas... L'obéissance, en pareil cas, serait une incivilité dont je ne peux pas me rendre coupable... au point où nous en sommes. (Nuances : ne pas redouter de déterminer de légères irritations.)

R. — Comment ! au point où nous en sommes?

D. — Certainement ; nous ne sommes déjà plus des étrangers l'un pour l'autre. Quoi qu'il arrive, je suis certain de ne jamais oublier vos traits... et vous..... (Nuances : suspension insidieuse amenant un résultat infaillible.)

D. — Et moi?

R. — Vous m'avez regardé deux fois.

D. — Pour mieux retenir le visage d'un impertinent, monsieur! (Nuances : dès qu'une femme cède à la tentation de faire un mot, elle creuse un abîme sous ses pas.)

R. — Il n'y a rien de plus impertinent, madame, que les impressions spontanées..... elles ont cependant un mérite de franchise qu'on ne peut méconnaître..... et si vous consentiez à m'entendre.....

D. — Il me semble, monsieur, que lors même que je

n'y consentirais pas, j'y serais bien forcée par votre insistance. (Nuances : ici la résistance mollit.)

R. — Mon insistance, madame, est la preuve de ma sincérité.

D. — Eh bien, monsieur, voyons, que me voulez-vous?

§ VII

PARENTHÈSE

Au fait, qu'est-ce que veut un suiveur?

Nous répondrons à cette question dans notre douzième paragraphe.

§ VIII

DE LA PLUIE

Dès qu'il pleut, — tout Paris devient suiveur.

C'est un fait acquis à la physiologie et à l'histoire.

Il est vrai que c'est à Paris seulement que les femmes savent se chausser et relever leur robe à l'endroit où la jambe prend le nom ridicule de mollet.

On ne saurait s'imaginer combien une petite pluie tiède et coupée de rayons de soleil a de pouvoir sur les esprits prodigieusement actifs des Parisiens. Dès les premières gouttes, on a vu tout à coup des avocats tourner le dos au Palais de Justice, des agents de change oublier l'heure de la Bourse, des officiers manquer la parade, — tout cela pour suivre une bottine lacée d'or ou un petit soulier à moitié englouti sous une bouffette de rubans.

§ IX

VARIÉTÉS DE SUIVEURS

LE SUIVEUR TIMIDE. — Madame, je... Oh! n'ayez pas peur, ce n'est rien... c'est moi qui... eh bien! non, je ne vous parlerai plus... mais cette rue est si déserte que j'ai osé... j'ai pensé... je ne voudrais pour rien au monde vous offenser... croyez-le, madame... il y a là un ruisseau, prenez garde!... si vous saviez ce qu'en vous voyant j'ai ressenti... ce n'est pas la première fois... oh! non... n'allez pas m'en vouloir... je ne m'exprime pas comme je voudrais... c'est l'émotion... je ne suis pas accoutumé... et puis, il fait si chaud... ouf!

LE SUIVEUR BUTOR. — Hein? Vous ne répondez pas. Pourquoi? Est-ce que je vous fais peur? Quand on vous dit que vous êtes délicieuse! Entendez-vous : délicieuse. Combien de fois faut-il vous le répéter, morbleu! Vous ne voulez pas répondre? Dans quel diable de quartier allez-vous? On pataüge jusqu'au cou; c'est dégoûtant! Est-ce que vous êtes faite pour habiter par ici! Jamais! vous valez mieux que çà, ventrebleu! C'est moi qui vous le dis. Je ne fais pas de phrases, moi. Je laisse çà aux jolis cœurs, moi. Je suis franc, c'est clair. Pouvez-vous me recevoir? Hein? Quoi? Qu'est-ce que vous dites? Mariée? Qu'est-ce que çà me fait! Moi aussi, je suis marié, nom d'un boulet! Çà ne prouve rien, çà. Quel chien de temps!

LE SUIVEUR CURIEUX. — Voilà deux heures et demie que je vous suis, madame, mais avec une discrétion telle que vous n'avez pas dû vous en apercevoir, je le parierais. Je vous ai *prise* à la pointe Saint-Eustache, comme vous sortiez de la maison n° 2. Vous avez remonté toute la rue Montmartre jusqu'à la *Ville de Paris*, où vous êtes entrée et où vous êtes restée vingt minutes environ. Je vous ai attendue. Ensuite, vous vous êtes dirigée par les boulevards jusqu'au marché aux fleurs du Château-d'Eau. Vous aviez rabaissé la voilette de votre chapeau. — Ne m'interrompez pas, madame, je vous en supplie. — A peine arrivée au marché aux fleurs, vous avez été accostée par un monsieur qui paraissait être là depuis quelque temps. Vous vous êtes promenée avec lui pendant trois quarts d'heure; je les ai comptés. Vous vous retourniez souvent. Il vous a remis une lettre; elle est dans votre sac de cuir. —

Maintenant, il est six heures, et nous sommes dans la rue Rochechouart. Permettez-moi une question, madame : est-ce que vous allez me mener encore bien loin? — Ne rougissez pas; je serai discret ..

LE SUIVEUR MONOSYLLABIQUE. — Charmante... hum!... madame... permettez-moi... occasion... hum!... écoutez... jolie... adresse .. dites... cruauté... hum!... riche... sacrifices... jolie... madame... hum...

LE SUIVEUR INGÉNIEUX. — Madame! madame!... oui, vous, madame, vous venez de perdre cette pièce de vingt-cinq centimes... Comment! elle n'est pas à vous... Ah! cela est trop fort! j'avais bien cru pourtant la voir tomber... Mais alors, madame, cette somme est à nous deux, et notre devoir est de la partager... Je n'ai malheureusement pas de monnaie sur moi... La garder pour moi seul, dites-vous? Non, madame, ma conscience me le défend... Mais voici un restaurant, rien ne nous empêche d'y entrer de compagnie; nous ferons changer cette pièce de vingt-cinq centimes, objet du litige.

§ X

CALENDRIER A L'USAGE DES SUIVEURS

CONTENANT L'INDICATION DES LUNES, DES MARÉES, DES ÉCLIPSES ET DES FÊTES CARILLONNÉES.

JANVIER. 1er. — Suivre, pour bien commencer l'année, à la condition d'acheter une notable quantité de dragées et de bibelots.

— 6. — *Jour des Rois.* Suivre, en promettant un gâteau. Badiner à propos de cet usage.

— 8. — Suivre. C'est le jour du terme des loyers au-dessous de 400 francs. — Promettre quittance.

— 15. — Suivre. Jour du terme au-dessus de 400 fr.

— 28. — *Saint-Charlemagne.* Ne pas suivre, à cause de la grande concurrence que font ce jour-là les collégiens.

PROVERBE :

Quel que soit le froid qu'il fasse,
Toutes ne sont pas de glace.

FÉVRIER. 20. — *Dimanche-gras.* Suivre.

— 21. — *Lundi-gras.* Suivre.

— 22. — *Mardi-gras.* Suivre.

FÉVRIER. 23. — *Mercredi des Cendres.* Ne plus suivre. Oh ! non.

PROVERBE :

C'est le temps du carnaval;
Nulle n'est cruelle au bal.

MARS. 19. — *Saint-Joseph.* Suivre.
— 21. — Premier jour de printemps. Suivre.

PROVERBE :

Les femmes, mal conseillées,
Ont aussi leurs giboulées.

AVRIL. 1er. — Ne pas suivre; se méfier du poisson d'avril.
— 7. — Suivre, à la promenade de Longchamps.
— 10. — *Lundi de Pâques.* Suivre.
— 11. — *Mardi de Pâques.* Resuivre.

PROVERBE :

En avril
Le cœur court grand péril.

MAI. 2. — Éclipse de lune. Suivre.
— 21. — *Sainte-Virginie.* Suivre.
— 26. — *Saint-Adolphe.* Ne pas suivre.

PROVERBE :

O mai ! ô mai !
C'est le mois du bien-aimé !

JUIN. 8. — *Saint-Médard.* Suivre, avec un parapluie.

PROVERBE :

Quand les fèves sont en fleurs,
L'amour enivre les cœurs.

JUILLET. 14. — Anniversaire de la prise de la Bastille. Suivre, dans le faubourg Saint-Antoine.

— 15. — Suivre. C'est le jour du terme. Continuer à promettre quittance.

— 24. — Canicule. Suivre.

— 30. — Changement de lune. Ne pas suivre.

PROVERBE :

Petite pluie abat grand vent;
Petit désir veut grand argent.

AOUT. 15. — Suivre, au feu d'artifice.

— 25. — *Saint-Louis.* — Suivre dans le faubourg Saint-Germain.

PROVERBE :

Dans la rue, alors qu'il tonne,
Ne causez avec personne.

SEPTEMBRE. 2. — *Saint-Lazare.* Ne pas suivre.

— 7. — *Saint-Cloud.* Suivre, avec un mirliton.

SEPTEMBRE. 27. — *Saint-Côme.* — Ne pas suivre.

PROVERBE :

Le Théâtre-Déjazet
Peut mener chez Bénazet.

OCTOBRE. 18. — *Saint-Luc.* Suivre.
— 25. — *Saint-Crépin et Saint-Crépinien.* Suivre, en promettant des bottines.

PROVERBE :

En octobre
De vin et d'amour sois sobre.

NOVEMBRE. 2. — Jour des Morts. Suivre, au Père-Lachaise.
— 25. — *Sainte-Catherine.* Suivre, suivre, suivre.

PROVERBE :

Les femmes perdent leur teint
Lorsque luit leur Saint-Martin.

DÉCEMBRE. 24. — Réveillon. Suivre.
— 31. — *Saint-Sylvestre.* Suivre, pour bien finir l'année.

PROVERBE :

Vous pouvez dans cette saison
Vous fendre d'un petit manchon.

§ XI

OBSERVATION

Les 1er, 5, 10, 15 et 25 de chaque mois, jours d'échéance. Suivre, selon son état de fortune.

UNE PAIRE DE GIFFLES

A L'ORCHESTRE D'UN PETIT THÉATRE

UN SPECTATEUR. — Vlan! et vlan!

UN AUTRE SPECTATEUR. — Misérable!

VOIX. — Séparez-les... Messieurs, voyons, messieurs! (*Tumulte.*)

DES VOISINS. — Qu'est-ce que c'est?

UN INDIFFÉRENT. — Une paire de giffles.

LES VOISINS. — Et sait-on pourquoi?

L'INDIFFÉRENT. — C'est un monsieur qui réclame sa stalle, je crois.

LA CLAQUE. — A la porte! à la porte!

M. HOMAIS. — Je ne comprends pas que des gens sensés se laissent aller à des écarts aussi répréhensibles...

On ne vient pas au théâtre pour se disputer .. Il y a d'autres endroits. (*Il se mouche.*)

UN APPARTEMENT DE GARÇON

SAINT-JULES, *à deux témoins.* — Messieurs, je ne me dissimule pas la gravité de l'offense que j'ai faite hier soir à M. Engoulevent; mais, loin de m'en trouver marri, vous me voyez au contraire parfaitement convaincu de mon bon droit et de la nécessité de mon moyen de répression. M. Engoulevent, que je n'avais jamais vu de ma vie avant la première représentation des *Hussards de l'amour*, a eu le tort immense de s'incruster dans mon fauteuil d'orchestre, n° 71, sous le frivole prétexte que je ne l'occupais pas, et le tort non moins exorbitant de se refuser ensuite à ma légitime réclamation. C'est alors que j'ai infligé à M. Engoulevent un châtiment spontané, dont je m'applaudissais encore tout à l'heure, en faisant ma barbe. Je n'ignore pas les lois du point d'honneur, messieurs : me refusant à regretter ce que vous appelez un mouvement de vivacité, je sais que l'usage m'enjoint d'accorder à M. Engoulevent une satisfaction par les armes. J'obéirai à l'usage. Ce fait acquis, permettez-moi une observation et une demande. M. Engoulevent, à qui appartient, selon vous, le choix des armes, choisit l'épée. Or, l'éducation incomplète que je dois à ma famille, les nécessités d'une existence souvent précaire, mille hasards enfin, joints à un fond naturel d'insouciance, m'ont toujours tenu éloigné des salles d'escrime. Je n'ai jamais touché un fleuret. J'accepte cependant l'arme de M. Engoulevent, je m'empresse de vous le déclarer. Seulement, ne vous paraît-il pas convenable, aussi bien pour M. Engoulevent que pour moi, de m'accorder un délai déterminé, afin que je puisse apprendre, sinon à lutter, du moins à tomber avec grâce? Telle est, messieurs, la question que je soumets à votre compétence.

LES TÉMOINS. — Soit, monsieur, nous vous donnons un délai de trois mois.

LA VIE EN PARTIE DOUBLE

Le théâtre est coupé en deux, comme dans *Indiana et Charlemagne* et *Bonsoir, voisin.*

COTÉ SAINT-JULES

SAINT-JULES, *à M. Gâte-chair, professeur d'escrime.* — Monsieur, je viens chez vous, attiré par votre réputation d'abord, et ensuite par votre nom, dont l'énergie significative

COTÉ ENGOULEVENT

ENGOULEVENT, *seul.* — Ainsi donc, il y a par le monde un être que je ne connaissais pas avant hier et que je ne reconnaîtrais pas aujourd'hui; un homme qui m'a traité d'imme plait et semble offrir une garantie à mes projets homicides. — Monsieur Gâtechair, je me bats dans trois mois, jour pour jour. Malheureusement j'ignore l'épée, autant que le fils Ducantal ignorait le trombone. Pouvez-vous, dans le délai précité, me mettre en mesure de disputer ma vie, à laquelle j'ai plusieurs raisons particulières de tenir?

M. GATECHAIR. — Je le crois, monsieur, sans toutefois répondre de rien. Cela dépend de vos dispositions et de beaucoup de circonstances.

SAINT-JULES. — Eh bien, monsieur, commençons.

pertinent, qui m'a frappé publiquement au visage (le sang de la colère m'en monte aux yeux quand j'y pense!) Cet homme va, pendant trois mois, s'occuper exclusivement des moyens les plus propres à ma destruction. — Trois mois! il faut convenir que mes témoins en ont agi libéralement avec lui. Je sais bien, ma force à l'épée étant connue, qu'ils ne pouvaient décemment lui refuser sa demande. Mais trois mois! pourquoi pas trois ans? un mois lui suffisait pour se faire honorablement blesser. — N'importe! dans trois mois ce monsieur Saint-Jules recevra une correction dont il gardera le souvenir, je le jure!

Quinze jours après.

LE PRÉVOT *de M. Gâte-chair, à Saint-Jules.*—Recevez mes compliments; vous allez bien, très-bien. Le jarret a de l'assiette, le bras a du ressort.

SAINT-JULES. — Vous êtes trop bon.

LE PRÉVOT. — Non, je parle sincèrement. Ce qui me charme en vous, c'est surtout votre sang-froid.

SAINT-JULES.—Je l'ai toujours eu.

LE PRÉVOT.—Une qualité inestimable! Avez-vous de la fortune?

SAINT-JULES. — Peu.

LE PRÉVOT. — De la famille?

SAINT-JULES. — Plus.

LE PRÉVOT. — De l'ambition?

SAINT-JULES. — Pas.

LE PRÉVOT.—De l'amour?

SAINT-JULES. — Prou.

Quinze jours après.

LE CONCIERGE. — Une lettre pour monsieur.

ENGOULEVENT. — Merci. De Buenos-Ayres et cachetée de noir! Ce doit être de mon oncle qui est dans les cacaos. (*Lisant.*) Ah! mon Dieu! il est décédé, me léguant une fortune considérable. Une fortune; cela est écrit. Je n'y comptais pas si tôt, le ciel m'en est témoin; mais puisque la voici, qu'elle soit la bien arrivée. Mon cher oncle, que j'ai toujours vénéré de son vivant, ne trouvera pas mauvais que je me réjouisse de ce qui vient de lui. Il devait bien d'ailleurs s'y attendre un peu, en testant. (*Attendri.*) L'heure de la délivrance a sonné pour lui: il était dans les cacaos, il est dans le ciel à présent!

LE PRÉVOT. — Vous êtes dans les meilleures conditions pour vous battre. Vous sentez-vous las? Désirez-vous vous reposer?

SAINT-JULES. — Non.

LE PRÉVOT. — Bravo! recommençons. (*Ils ferraillent.*)

Un mois après.

UN AMI. — Ah çà! dis donc, Saint-Jules, il paraît que tu mènes une existence passablement dissipée depuis quelque temps. Est-ce vrai? On prétend que tu n'as pas assez de fenêtres pour jeter ton argent...

SAINT-JULES. — C'est vrai, mais j'en fais percer.

L'AMI. — Tous les jours des parties de plaisir!

— Une fortune! à quoi vais-je l'employer? quels sont ceux de mes rêves que je réaliserai les premiers? Hésitation délicieuse! horizon tendu de félicités! Je veux acheter du terrain dans le haut du faubourg du Temple..... (*Sombre.*) Diable! moi qui ne pensais plus à ce maudit duel!

Un mois après.

UN AMI. — Pars-tu avec nous, Engoulevent? Nous allons faire un voyage adorable, Léon et moi, en Espagne, avant que les chemins de fer aient entièrement ruiné les *sierras*. Pars avec nous, Engoulevent.

ENGOULEVENT. — Je ne peux pas.

L'AMI. — L'été est intolérable à Paris, tu le sais

SAINT-JULES. — Ajoute : et toutes les nuits.

L'AMI. — Au train dont tu cours, tu n'auras plus le sou dans un an, Saint-Jules.

SAINT-JULES. — Qu'est-ce que cela me fait? Je me bats dans six semaines.

L'AMI. — Avec qui?

SAINT-JULES. — Un M. Engoulevent, une lame de première force. Ma foi! à tout hasard, je me hâte de jouir; je me couronne de roses, comme les anciens. Cela ne me va pas trop mal, n'est-ce pas?

L'AMI. — C'est différent, et tu as peut-être raison. Adieu, Saint-Jules. Adieu et bonne chance.

SAINT-JULES, *seul*. — Le fait est que mes derniers moments seront fort doux, grâce à ce duel. (*Il s'éloigne en fredonnant.*)

bien. Dans quinze jours, il n'y aura plus que toi sur le boulevard. Pourquoi préférer le ridicule à notre compagnie? Tu es riche et libre, Engoulevent.

ENGOULEVENT. — Riche, oui; libre, non. Je me bats dans six semaines.

L'AMI. — Avec qui?

ENGOULEVENT. — Le premier venu, un M. Saint-Jules.

L'AMI. — A propos de quoi?

ENGOULEVENT. — J'ai reçu une paire de giffles.

L'AMI. — Quoi! toujours cette ancienne affaire? je la croyais terminée depuis longtemps. C'est différent, alors. Adieu, Engoulevent. Adieu et bonne chance.

ENGOULEVENT, *seul*. — Je les aurais volontiers accompagnés sans ce duel. Quel ennui! (*Il s'éloigne, soucieux.*)

Deux mois après.

SAINT-JULES, *dans un boudoir, couché aux pieds de Cydalise.* — Fais-moi une cigarette.

CYDALISE. — Que tu es beau, mon Saint-Jules!

SAINT-JULES. — Tu trouves?

CYDALISE. — Fais donc semblant de l'ignorer, mauvais sujet!

SAINT-JULES. — La peste m'étouffe si je savais être beau, il y a deux mois! C'est l'approche de ce duel qui m'a donné la beauté, comme elle m'a déjà donné l'aplomb et l'audace. Je puis te dire cela à toi, Cydalise; il existait en moi un homme que je ne soupçonnais pas. En deux mois, je me suis absolument transfiguré. Mon intelligence s'est éclairée *à giorno*; j'ai touché à un

Deux mois après.

ENGOULEVENT, *dans un jardin, donnant le bras à une jeune fille.* — Chère Anna, appuyez-vous sur moi. La belle journée de printemps, n'est-il pas vrai?

ANNA. — Quand nous serons mariés, me mènerez-vous souvent au bal?

ENGOULEVENT. — Autant que vous le souhaiterez, mon âme!

ANNA. — Et vous m'aimerez... toujours?

ENGOULEVENT. — Toujours! (*Pâlissant.*) N'avez-vous pas entendu?

ANNA. — Quoi donc?

ENGOULEVENT. — Comme un cliquetis, un bruit d'armes de ce côté de la charmille...

ANNA. — C'est bien possible..... Notre voisin de campagne est un profes-

monde nouveau de sensations. Si je meurs, j'aurai du moins vécu.

CYDALISE. — Oh! tu ne mourras pas, mon idole! D'abord, je ne le veux pas, moi!

Deux mois et demi après.

LE VICOMTE DE TAPINOIS, *un verre à la main.* — Messieurs, je propose un toast à notre cher amphitryon, à Saint-Jules.

TOUS. — Oui! oui! à la santé de Saint-Jules! à Saint-Jules! à Saint-Jules!

LE BARON DE ROCLOR. — Le déjeuner qu'il vient de nous offrir n'est pas un déjeuner (*murmures*); c'est un poëme!

TOUS. — Oui! oui! c'est un poëme! c'est deux poëmes! A Saint-Jules!

SAINT-JULES, *se levant.* — Messieurs...

seur d'escrime... Il s'amuse sans doute avec ses élèves.

ENGOULEVENT. — Rentrons, mon Anna. L'air se fait froid.

Deux mois et demi après.

M. BOULANDO, *à Engoulevent.* — Voyons, mon futur gendre, il faudrait pourtant en finir. Est-ce que ma fille Anna ne vous convient plus? Est-ce que vos sentiments pour elle ne seraient plus les mêmes? Répondez, je veux que vous vous expliquiez franchement.

ENGOULEVENT. — Mon cher monsieur Boulando, j'aime, j'adore votre charmante demoiselle; et mon plus vif souhait est de l'épouser.

M. BOULANDO. — Eh bien!

TOUS. — Silence!

SAINT-JULES. — Messieurs et chers amis, vous me voyez ému jusqu'aux larmes de ces précieuses marques de sympathie. Il est doux, aux heures décisives, de se sentir ainsi environné... Un de mes meilleurs et de mes plus anciens camarades de collége, M. de Roclor, vient, avec une bienveillance exagérée, de qualifier ce modeste déjeuner de poëme. Peut-être n'était-ce pas poëme qu'il convenait de dire, mais élégie. Ce banquet représente en effet mes adieux à la vie, et je vous remercie d'avoir bien voulu y assister... ô mes amis, mes bons amis!... la reconnaissance me déborde. — Nous allons passer au café.

TOUS. — A Saint-Jules!

quand signons-nous le contrat?

ENGOULEVENT. — Laissez-moi encore quelques jours.

M. BOULANDO. — Mais, sabre de bois! je vous en ai déjà assez accordé, je crois. Vous savez combien j'ai hâte de me retirer dans le Cateau-Cambrésis, ma province natale. Signons.

ENGOULEVENT. — Il ne me reste plus que quelques petites affaires à terminer.

M. BOULANDO. — Vous me promenez depuis trop longtemps. Ceci n'est pas naturel, mon gendre.

ENGOULEVENT, *à part*. — Je ne peux cependant pas me marier la veille de mon duel!

Trois mois après.

SAINT-JULES, *seul.* — Mon duel ! — C'est demain qu'expire le délai que m'a accordé mon adversaire. Me voici arrivé sur ce seuil terrible... *To be or not to be*... Caton d'Utique... je sais bien... le thème est beau et peut fournir encore d'intéressantes amplifications. Mais je préfère m'exercer une dernière fois et tirer au mur. — Mes témoins sont en route pour aller trouver ceux d'Engoulevent. Encore un ou deux tours de soleil, et mon destin sera décidé. — Une, deux ! une, deux ! bon ! Gâtechair applaudirait à cette botte. — Je le hais, cet Engoulevent ! je voudrais lui arracher le cœur de sa poitrine de spadassin et le dévorer sans assaisonnement ! —

Trois mois après.

ENGOULEVENT, *seul.* — Mon duel ! — C'est demain qu'expire le délai demandé par mon adversaire, et je n'ai encore reçu aucune de ses nouvelles. Voudrait-il se dérober à ma juste vengeance ? — Eh bien ! ma foi, il ferait sagement ! et, cela dût-il paraître bizarre, je ne courrais pas après lui. Non ! On a raison de dire que le temps guérit tout ; je n'en veux presque plus à ce garçon de sa paire de giffles. Est-ce parce que trois mois ont passé par là-dessus ? Est-ce parce que me voilà riche et heureux ? Je ne sais ; mais je me sens singulièrement porté vers l'indulgence. — Il aura été cacher sa honte à l'étranger, très-probablement ; c'est ce qu'il avait de

Entretenons ma haine; figurons-nous que cette muraille est le torse immonde d'Engoulevent. — A toi, Engoulevent! tiens, à la gorge! tiens, au ventre! tiens, à la cuisse! tiens, au bras! Meurs, Engoulevent! Purgeons la terre d'Engoulevent! Encore ce coup, vile engeance! et celui-ci, scélérat! et cet autre, dzag! dzag! dzag! — Hourrah! — Il respire encore; achevons-le; pas de pitié pour Engoulevent! A sac! à sac! hue! ouf! plus sensé à faire. Allons, tout est pour le mieux. J'ai beau être brave comme Roland, la perspective continuelle de ce duel m'agaçait plus que je ne saurais l'avouer. J'y pensais malgré moi. Cela m'empêchait dans mes résolutions et dans mes projets; car enfin on a vu des maladroits se tirer très-bien d'affaire sur le terrain... — Mais j'en suis débarrassé, puisqu'il est parti, car il doit être parti, le polisson!

ÉCHANGE DE LETTRES

ENGOULEVENT, *seul.* — Décidément, c'est un homme sérieux; il m'annonce que ses témoins sont à la disposition des miens. Répondons-lui. — Peut-être comprendra-t-il.

« Val-du-Paradis, 30 juin 1859

« Monsieur,

« Je vous écris de la campagne de mon futur beau-père, où une affaire des plus importantes va nécessiter mon séjour pendant quelque temps. C'est vous faire entendre qu'à mon tour j'ai besoin d'un mois. Peut-être ne serez-vous pas fâché de ce nouveau délai.

« Recevez, monsieur, mes salutations.

« ENGOULEVENT. »

DE SAINT-JULES A ENGOULEVENT.

« Paris, 30 juillet 1859.

« Monsieur,

« Le délai que vous m'avez demandé, ou plutôt que vous avez pris, finit aujourd'hui. Je suis à vos ordres.

« J'ai l'honneur de vous saluer.

« SAINT-JULES. »

D'ENGOULEVENT A SAINT-JULES.

« Val-du-Paradis, 2 août 1859.

« Monsieur,

« J'ai quarante ans, une réputation de bravoure à l'abri de tout soupçon; Grisier me fait l'honneur de me compter parmi ses élèves de premier ordre; sur les sept ou huit rencontres que je n'ai pu éviter dans ma vie, trois ont eu une issue funeste pour mes adversaires. C'est vous dire que je suis placé de manière à ne pas redouter un nouveau duel, surtout dans les conditions exceptionnelles où se présente celui-ci. — Eh bien! monsieur, malgré la gravité de l'offense que j'ai reçue de vous, je renonce à la satisfaction que je vous en avais fait demander primitivement. Je consens à oublier un acte que votre raison a dû condamner et qui, d'ailleurs, a déjà reçu un commencement d'expiation dans les quatre mois de noviciat, infailliblement mêlé d'appréhensions, que vous venez de passer.

« J'espère, monsieur, que vous apprécierez à sa véritable valeur une résolution que je n'ai adoptée qu'après les réflexions les plus sérieuses, basées principalement sur les devoirs de tout homme d'honneur envers la société et envers la morale.

« Agréez, monsieur, toutes mes salutations.

« Engoulevent. »

DE SAINT-JULES A ENGOULEVENT.

« Paris, 3 août 1857.

« Monsieur,

« Je ne me méprends pas sur le sentiment fort honorable, à votre point de vue, qui a dicté votre lettre. Mais il m'est impossible d'en accepter les conclusions, vous le comprendrez facilement. Il importe à notre dignité commune que cette affaire ait son cours naturel. Vous voulez m'épargner, cela est visible. Rassurez-vous, monsieur, j'ai mis à profit, autant que possible, chez Gâtechair, le laps de temps que je dois à votre condescendance; et quelle que soit votre supériorité, j'ai la hardiesse de croire que vous ne vous trouverez pas en présence d'un adversaire trop indigne de vous.

« Mes témoins demeurent donc, plus que jamais, à la disposition des vôtres.

« Je vous prie, monsieur, de recevoir l'expression de ma considération parfaite.

« SAINT-JULES. »

D'ENGOULEVENT A SAINT-JULES.

« Val-du-Paradis, 6 août 18 9.

« Monsieur,

« Vous m'avez fait manquer un mariage superbe. Vous m'avez empêché de tripler mes capitaux. Je ne vous demande plus rien. Je garde mes deux giffles. Laissez-moi tranquille.

« ENGOULEVENT. »

DE SAINT-JULES A ENGOULEVENT.

« Paris, le 8 août 1850.

« Monsieur,

« Je ne puis faire autrement que d'accepter les étranges conclusions de votre dernière lettre. Vous me permettrez cependant de vous en renvoyer quelques termes.—Vous prétendez que, par ma demande d'un délai de trois mois, je vous ai porté un préjudice de diverses sortes. Comptez-vous donc pour rien, monsieur, les désordres profonds dont mon existence se ressent aujourd'hui? J'étais, il y a trois mois, un honnête négociant; vous avez fait de moi un libertin. J'ai des maîtresses et je n'ai plus d'argent. Je ne vous parle pas de ma santé compromise dans de nombreux adieux au monde, adieux désormais entachés de ridicule par votre détermination. Je vais ressembler à ce monsieur qui, après avoir pris congé d'une compagnie, rentre un quart d'heure après au salon en disant qu'il a oublié sa canne. Préparé à la mort, comme je l'étais, vous me rejetez dans la vie. Croiriez-vous, par hasard, me rendre service?

« Vous avez détruit mon avenir; au besoin, je pourrais vous demander de me faire une rente. J'espère, du moins, que vous aurez la délicatesse d'acquitter la note ci-incluse.

« DOIT MONSIEUR SAINT-JULES A GATECHAIR, PROFESSEUR D'ESCRIME :

« Trois mois de leçons ordinaires et extraordinaires, tant de jour que de nuit.. . . . . 500 fr.
« Un mois supplémentaire. 200
« Fourni à M. Saint-Jules une paire de fleurets, un masque, un gilet, des gants, des sandales, le tout en première qualité. 100

800 fr.

« Dans cette espérance, monsieur, je consens encore à vous saluer.

« SAINT-JULES. »

VOYAGE DE DEUX DEBITEURS

AU

PAYS DE LA PROBITÉ

I

Voulez-vous que nous désignions par le nom de Colifleur l'artiste contemporain, le musicien charmant, qui est le héros des faits que nous allons essayer de raconter dans une langue indulgente? Colifleur ne vous choque-t-il point? Préférez-vous un autre pseudonyme? il en est temps encore.

Bon Colifleur! C'était, à l'époque où se passe cette aventure, — mettons douze ans, pour avoir du champ, — l'exemple de toutes les pauvretés et le modèle de tous les enjouements. Il demeurait rue de Suresnes, une rue tranquille du beau quartier de la Madeleine; il y demeurait avec une femme qui était sa femme légitime, car il avait toujours été trop pauvre pour avoir une maîtresse. Tout au plus s'il avait eu quelquefois les maîtresses des autres.

Colifleur avait *vécu* cependant, dans l'acception la plus parisienne de ce mot, et il continuait de vivre, le nez tourné au vent, comme un garçon facile. Il ne résistait pas à une invitation à dîner; il ne savait pas tenir contre un bras passé sous le sien et poussé vers le seuil du restaurant Bignon ou du Cabaret d'or. La Dorine de Molière aurait dit à ce propos qu'il était « tendre à la tentation. » En cela consistait son seul défaut; il est vrai que ce défaut engagea toute son existence.

La femme de Colifleur était elle-même une aimable et douce personne, d'une jeunesse qui lui tenait lieu de beauté, avec ce qu'il faut pour bien faire *aller une maison*, comme on dit en bourgeoisie : l'œil à tout, les pieds agiles, ni trop ni trop peu d'esprit. Où et dans quelles circonstances Colifleur l'avait-il connue? C'est une autre histoire, et il n'est pas absolument nécessaire de la retracer en ce moment. Qu'il suffise au lecteur d'apprendre que Colifleur et sa femme s'aimaient de bon cœur, sans autres orages que ceux qui s'élèvent dans tous les intérieurs au sujet d'un bouton d'habit arraché ou d'une guêpe trouvée dans la salade. — Enfin, rien n'aurait manqué à leur bonheur, s'ils n'avaient eu un billet à payer le 15 septembre.

Ah! ce billet! — Il était de quatre cent cinquante francs; une somme énorme, terrible pour un musicien.

Depuis un mois, l'un et l'autre ne faisaient qu'en rêver; ils comptaient les jours qui les séparaient de l'échéance; ils se regardaient en soupirant et en baissant la tête; car ce n'était pas le premier billet venu, un de ces billets qu'on renouvelle en se jouant ou même en donnant un *à-compte;* non, il s'agissait d'un billet important, sacré, souscrit à un ami, à un véritable ami. Ne pas payer ce billet, c'était se perdre et perdre l'avenir. Trop de papier timbré, trop de cartes d'huissier, trop de garçons de banque renvoyés les mains vides, avaient déjà ébranlé leur considération dans la maison qu'ils habitaient. Le péril était imminent; ils le comprenaient tous deux.

Il y eut au dernier moment des efforts inouïs de la part de Colifleur. On le vit proposer des romances à tous les éditeurs de Paris; il descendit jusqu'au quadrille *de société,* — mais tout cela ne lui rapporta pas quatre cent cinquante francs. De son côté, sa femme bouleversa la commode et l'armoire, rassembla ses dentelles, nettoya ses bijoux avec une petite brosse, et gravit furtivement le mont-de-piété, le mont horrible! — mais tout cela ne leur rapporta pas quatre cent cinquante francs.

La veille du 15, ils n'avaient réuni que la moitié de la somme, et ils commençaient à désespérer du reste. Un ami tombe chez eux, un artiste, une manière de peintre. Il va à la cheminée, plonge sa main dans le pot à tabac, roule une cigarette; ensuite il fait le tour de la chambre; il s'arrête :

— Tu as là deux belles gravures, dit-il.

Colifleur ne l'entend point.

— De qui te viennent-elles, sais-tu?

— Je ne sais pas, répond maussadement Colifleur.

— Elles valent bien cent francs chaque.

Colifleur le regarde d'un air hébété, et murmure :

— Qui? quoi? que dis-tu? qu'est-ce qui vaut cent francs ici?

— Ces deux gravures.

— Tu en es certain?

— A peu près, répond le peintre.

Colifleur ne fait qu'un bond vers la muraille; il arrache les cadres plutôt qu'il ne les décroche; il sort, il est sorti, il court sur le quai Voltaire; il entre dans une, deux, trois boutiques de marchands de tableaux; c'est deux cent cinquante francs qu'il veut, pas un liard de moins. Des gravures superbes, inestimables, avant la lettre, du fameux je ne sais plus qui! Colifleur est éloquent; un marchand est ébranlé, le marché se conclut. Pourtant Colifleur n'aura son argent que le lendemain soir; mais qu'importe? il l'aura. On dira au porteur du billet de laisser son adresse, en l'assurant que les fonds *seront faits* le 16, avant midi. N'est-ce pas ainsi qu'on s'exprime en termes de commerce?

Ces vingt-quatre heures furent bien lentes; mais lorsque Colifleur et sa femme se virent en présence de leurs quatre cent cinquante francs bien comptés et bien trébuchants, leurs cœurs ployèrent sous la joie.

— Chère Lucile!

— Cher Colifleur!

Un quart d'heure se passa ainsi. Il fallut causer raison, à la fin.

— Voyons : quel est le nom de l'endosseur de notre billet, et où demeure-t-il? demanda Colifleur.

— C'est M. Tournemine, place de la Bastille, 2 ; il a bien recommandé d'être chez lui avant midi.

— J'irai à neuf heures.

— Si tu veux, nous irons ensemble, dit Lucile en baissant la tête.

— Pourquoi? Tu as donc de la défiance? Ce n'est pas bien...

— Je serai plus tranquille, mon ami.

— Eh bien! soit, nous irons ensemble, répondit Colifleur en la baisant sur ses bandeaux.

Ils eurent cette nuit-là de grands et beaux rêves; des ailes de nouvelles couleurs s'ajustèrent à leurs corps transfigurés et les transportèrent dans un pays inconnu, où tous les habitants avaient des voix d'argent et des sourires d'or. C'était le paradis des honnêtes débiteurs, et sur leurs fronts orgueilleusement levés on lisait cette inscription flamboyante : — *Pour acquit!*

II

Le lendemain, bras dessus bras dessous, Colifleur et sa femme sortaient de la rue de Suresnes et se dirigeaient vers les boulevards. Le temps était délicieux, et le marché aux bouquets de la Madeleine ajoutait ses parfums aux enchantements de cette matinée.

Cependant Lucile dit à Colifleur :

— Prenons l'omnibus.

Mais il lui répondit :

— Es-tu folle? avec le soleil qu'il fait !

— C'est bien loin, la Bastille! ajouta-t-elle.

— Tu as raison, mais l'omnibus est impossible; il s'arrête dix-huit cents fois, et puis on y étouffe, on y a les pieds écrasés. Si tu crains la fatigue, prenons plutôt une voiture découverte.

— Oh! non, c'est trop cher! s'écria Lucile; marchons.

— Marchons, répéta Colifleur.

Et les voilà en route sur le grand chemin de l'honnêteté, ce chemin qui n'en finit pas, où les omnibus sont si lents et où les calèches coûtent si cher. Que le ciel les protége, comme il en a protégé tant d'autres qui n'avaient peut-être pas leur bon vouloir!

Ils avaient mis les quatre cent cinquante francs dans

un sac, le sac traditionnel, et chacun mettait son orgueil à le porter. Quelquefois Colifleur, s'arrêtant, disait :

— Voilà assez longtemps que tu as le sac; passe-le-moi.

— Non, répondait-elle, cela te fatiguerait.

— Mais cela te fatigue bien davantage, toi...

Les passants les regardaient en souriant; mais eux, tout entiers à leur sac, ils ne regardaient pas les passants.

Force leur fut cependant de s'arrêter tout à coup devant deux longs bras tendus et précédant un visage épanoui, qui leur cria :

— Tas de millionnaires!

C'était un parent de Lucile, un de ces individus qui ne sont bons à rien, parce qu'ils ne sont bons qu'à la joie. A quelque heure du jour ou de la nuit que celui-ci vous accostât, il vous disait :

— Allons prendre quelque chose.

Il ne manqua pas sa phrase auprès de Colifleur.

— Ma foi .. répondit celui-ci.

Lucile lui serra le bras.

— Il fait si chaud! objecta Colifleur avec l'accent suppliant de la faiblesse; cela nous reposera.

— Allons prendre quelque chose, répéta le parent en les entrainant vers un café.

Ce quelque chose fut du madère, et puis encore du madère, car Colifleur ne voulut pas demeurer en reste de politesse auprès du parent de sa femme. Le madère vidé, il se trouva que les appétits étaient singulièrement éveillés.

— Eh bien ! déjeunons, dit le parent.

— Au fait... dit Colifleur.

Mais Lucile s'était levée précipitamment.

— Tu sais que c'est impossible.

— Pourtant, chère amie, répondit Colifleur, tu n'as pris que ton chocolat avant de sortir.

— Mais le billet !

— C'est juste, dit Colifleur en soupirant, et en se levant aussi.

Seul le parent ne bougeait pas.

— Vous allez payer un billet? leur demanda-t-il.

— Oui, répondit vivement Lucile.

— Vous avez bien le temps ; il n'est pas encore dix heures.

— Oh ! vous vous trompez, il est dix heures et vingt minutes ! dit-elle en désignant la pendule de l'établissement.

— Elle retarde; d'ailleurs, n'avez-vous pas jusqu'à midi ?

— C'est vrai, dit Colifleur en se tournant vers Lucile.

— Restez, je vous invite ! ajouta le parent, qui parlait peu, mais qui parlait bien.

Lucile fit un signe négatif; mais Colifleur avait déjà repris possession de son siége.

— Au moins, rien qu'une côtelette, dit-elle en se résignant.

— Et des œufs au jus, dit Colifleur.

— Et un poisson, dit le parent.

III

Le parent avait oublié sa bourse. Il ne s'en aperçut qu'au moment où on lui présenta l'addition. Comme il avait voulu faire bien les choses, le total se hissait à un chiffre assez élevé. Le pauvre homme tomba d'abord en confusion, ce qui est la meilleure méthode de choir sans se blesser; ensuite il parla de courir chez lui, mais il habitait rue de la Comète, au Gros-Caillou. Le plus court était pour Colifleur de payer. — On dénoua le sac avec lenteur, on y prit une cinquantaine de francs et l'on partit, désolé d'avoir accepté *quelque chose.*

Lucile épargna à Colifleur les habituels : « Je te l'avais bien dit! » Mais Colifleur, honteux de sa faute, crut de son devoir de mettre en avant les consolations que voici :

— Brandus, mon éditeur, qui demeure à deux pas, sur le boulevard des Italiens, où nous allons arriver, ne refusera pas de me prêter cinquante francs. Certainement, il ne me les refusera pas.

— Tu es déjà bien en avance avec lui, se contenta de dire Lucile.

— J'allèguerai l'accident imprévu dont nous venons

d'être les victimes. Va, rien n'est encore désespéré.

— Serons-nous chez M. Tournemine avant midi?

— Évidemment; dans tous les cas, il nous accordera bien le quart d'heure de grâce.

— Voici le magasin de M. Brandus, dit-elle.

— Oui : donne-moi le sac.

— Pourquoi ne veux-tu pas que je le garde? demanda Lucile, surprise.

— Tu ne comprends donc pas que c'est pour donner à mon récit toute la vérité possible? Si on me voit avec quatre cents francs, on ne pourra jamais m'en refuser cinquante.

— Mais, reprit Lucile sans lâcher le sac, je puis entrer avec toi.

— Non; une femme est toujours de trop dans ces sortes d'affaires; elle empêche l'intimité, elle arrête l'expansion. Va m'attendre dans le passage des Panoramas; je n'ai pas besoin de te dire que je t'y rejoins sur-le-champ.

— Ah! nous eussions mieux fait de prendre l'omnibus! murmura Lucile.

Colifleur entra chez M. Brandus.

L'éditeur de musique était en conversation importante dans son cabinet. Il fit prier Colifleur d'attendre. Colifleur avait le teint allumé par l'excellent déjeûner qu'il venait de payer au parent de sa femme. Aussi n'aperçût-il pas tout d'abord un jeune homme très-pâle, qui se préparait à sortir du magasin.

Ce jeune homme vint à lui.

— Tiens! c'est Adolphe, dit Colifleur; bonjour, Adolphe.

— Adieu! fit le jeune homme en lui serrant convulsivement la main.

— Comment! adieu? répéta Colifleur, surpris de l'air qui accompagnait ces paroles; où vas-tu?

— Me noyer! répondit le jeune homme en gagnant la porte...

— Es-tu fou? s'écria Colifleur, le retenant par le bras, te noyer!

— Puisqu'il ne me reste plus aucune ressource! puisque ma femme et mon enfant sont sans pain! puisque, avant une heure, tout ce qui est dans mon misérable galetas sera saisi!

— Est-ce possible?

— Ce sont là des motifs, je crois, continua le jeune homme avec une fièvre croissante; oh! je ne me tue pas pour des futilités, sois tranquille. Adieu!

Colifleur dénoua son sac.

IV

— Tu es resté bien longtemps, dit Lucile à Colifleur, en le voyant revenir, une demi-heure après, dans le passage des Panoramas.

Colifleur ne répondit pas.

— T'a-t-on donné de l'argent chez M. Brandus? demanda-t-elle.

— Au contraire ! dit Colifleur.

— Te moques-tu?

— C'est à présent cent cinquante francs qui nous manquent pour payer notre billet.

Et, la ramenant sur le boulevard, il lui raconta tout. Lucile avait trop bon cœur pour le réprimander d'une généreuse action, si *intempestive* qu'elle fût.

— J'aurais agi comme toi, sans doute, lui dit-elle; n'en parlons plus. Mais comment allons-nous faire?

— Si encore nous connaissions ce M. Tournemine? si nous savions quelle espèce d'homme c'est? murmura Colifleur. Exerce-t-il une profession?

— Je l'ignore.

— C'est embarrassant.

— N'importe ! dit Lucile; je crois que ce qu'il y a de plus simple et de plus convenable, c'est de lui porter nos trois cents francs et de lui proposer un renouvellement pour le reste. De la sorte, nous aurons fait au moins acte de bonne volonté, et nous n'aurons rien à nous reprocher, quoi qu'il arrive.

— Quoi qu'il arrive, répéta Colifleur.

On était alors à la hauteur du boulevard Bonne-Nouvelle.

V

— La jolie étoffe ! dit Lucile.

— Oui, c'est assez coquet, dit Colifleur en s'arrêtant avec sa femme devant un magasin de nouveautés.

— Et comme elle m'irait bien !

— Penses-tu que j'en doute ?

Lucile tourna vers lui un regard plein de supplications.

— Écoute, Colifleur, il y a dix mois que tu me promets une robe; eh bien ! voilà celle qu'il me faut.

— Mais Tournemine ?...

— Tournemine se contentera de deux cents francs, puisque nous avons tant fait que de rogner sa part.

C'était au tour de Colifleur à se soumettre; il ouvrit la porte du magasin.

Bien examinée, maniée et marchandée, la robe fut enveloppée et remise ès mains de Lucile.

— Paye, dit-elle en se tournant vers Colifleur et en lui passant la facture.

— Ah ! mon Dieu ! je n'ai plus le sac ! s'écria-t-il.

— Est-ce possible ?

— Je l'aurai laissé chez Brandus !

— Va vite, dit Lucile effrayée.

— Oh ! il n'y a rien à craindre, dit-il à Lucile en se précipitant hors du magasin.

Le commis de M. Brandus avait mis de côté le sac de Colifleur. On devine de quelle oppression celui-ci fut délivré en le ressaisissant. Dans son transport, il exigea que le commis vint prendre avec lui un verre de punch. Le commis résista... mais, ne se souciant pas d'être assassiné, il finit par avaler le punch.

Pendant ce temps-là, Lucile, restée chez le marchand de nouveautés, choisissait d'autres étoffes, — pour s'occuper. Elle en avait déjà choisi pour deux louis, lorsque Colifleur revint.

— Tu ne me gronderas pas, lui dit-elle ; j'avais tant besoin d'un col et d'une paire de manches.

— Te gronder! répliqua Colifleur, lorsque moi-même... Tiens, regarde! dit-il en écartant son gilet.

Il venait d'acheter deux boutons de chemise chez un bijoutier.

VI

— Allons chez Tournemine, à présent! dit Lucile.

— Allons chez Tournemine, dit Colifleur.

— Nous ferions bien cette fois-ci de prendre l'omnibus, afin d'éviter de nouveaux accidents et de nouvelles tentations, ajouta-t-elle en souriant. Veux-tu?

— Encore ton omnibus? ma foi, non! j'ai besoin de marcher, de prendre l'air.

— En effet, dit Lucile, tu sens la liqueur.

— J'aurais mauvaise grâce à le nier, répondit-il; j'avais des remords, je les ai noyés. Et cependant, il y en a encore quelques-uns qui surnagent...

— Tu les enfonceras un autre jour, dit Lucile en pressant le pas

Ils marchèrent ainsi pendant cinq minutes.

Devant l'escalier qui monte à l'église de Notre-Dame-de-Bonne-Nouvelle, Colifleur eut un accès d'attendrissement.

— Lucile?

— Quoi?

— Examine les lieux où nous sommes; ne te disent-ils rien?

— Rien.

— Te souvient-il de notre vieille tante Mangavel? demanda-t-il à sa femme.

— La tante Mangavel? certainement, mon ami; elle demeurait rue Beauregard, et elle était pauvre comme les pierres.

— Chère tante! bonne tante! excellente tante!

— Qu'est-ce que tu as donc, Colifleur?

— J'ai que je suis un ingrat, et que je ne pense pas assez à ma tante.

— Il y a six ans qu'elle est morte, murmura Lucile.

— Qu'importe! les années n'auraient dû qu'augmenter nos regrets; et si nous sommes dans l'infortune, c'est à cet oubli que nous le devons. Je vois là-dedans le doigt de notre tante Mangavel.

— Console-toi!

— C'est la tante Mangavel qui nous punit en nous empêchant de payer Tournemine. Il faut apaiser ses mânes, entends-tu?

— Mais comment? dit Lucile qui recommença à s'inquiéter.

— En fondant une messe pour le repos de son âme, dit Colifleur; les fondations pieuses ont de tout temps racheté les grandes fautes.

— Est-ce bien nécessaire? hasarda Lucile.

— S'il est nécessaire d'honorer la cendre de notre tante Mangavel! tu en doutes? s'écria Colifleur.

— Non, dit-elle; ton motif est trop respectable pour que je me permette une observation. Je voulais seulement dire : est-ce bien cher?

— Je ne sais pas; mais viens avec moi.

— Au moins contente-toi d'une messe basse, lui dit Lucile.

VII

Ils étaient arrivés sur le boulevard du Temple.

Colifleur ne disait rien; il portait le sac, qui était dégonflé aux trois quarts. Quelque chose semblait le préoccuper.

— Encore un peu de courage, lui dit Lucile ; et dans vingt minutes nous serons rendus à la place de la Bastille, chez M. Tournemine.

— Hum ! quelle réception nous fera-t-il ? dit Colifleur en soupesant le sac; il est bien tard...

— Six heures tout au plus.

— Six heures! exclama Colifleur; six heures ! se peut-il ?

— Elles sonnent encore. Mais pourquoi t'arrêter, et à quoi penses-tu ?

— Je pense... dit Colifleur avec embarras.

— Eh bien ?

L'anxiété revint sur les traits de Lucile.

— Je pense que j'ai invité Bernard à diner pour six heures.

— Quel Bernard ?

— Le commis de la maison Brandus, celui qui m'a rendu le sac. Tu comprends qu'un pareil service voulait une récompense. Il a été convenu qu'il m'attendrait à six heures chez Bonvalet. Oh! nous ne ferons qu'un tout petit diner, un tout petit diner, tu verras. D'ailleurs, je n'ai pas faim, j'ai encore le déjeuner de ton parent sur l'estomac; ce que j'en fais, c'est pour Bernard uniquement; et si je ne m'étais pas engagé... mais je me suis engagé. Et toi, as-tu faim ?

Les alarmes de Lucile avaient atteint leur plus haut degré. Elle ne put qu'articuler un seul mot, un mot de détresse :

— *Tournemine !*

Colifleur demeura pensif.

— J'entends, dit-il.

Puis, il reprit d'un ton convaincu :

— Tournemine nous recevra bien mieux après son diner qu'avant; la digestion commande l'indulgence; c'est l'heure où le regard se fait plus doux, où la voix devient plus caressante. Nous-mêmes, au sortir de table, nous nous sentirons plus d'assurance pour aborder Tournemine. Si Tournemine n'est pas un méchant homme, il acceptera notre renouvellement à bras ouverts; et qui sait même s'il n'ira pas jusqu'à refuser noblement le peu que nous lui apportons?

— Oh ! oui, le peu ! murmura Lucile.

— Et tout cela parce que Tournemine aura dîné... et nous aussi. Tu vois bien !

Lucile hocha la tête; mais le devoir d'une femme étant de suivre son mari, elle suivit Colifleur chez Bonvalet, où l'on trouva Bernard, qui avait fait retenir un cabinet.

— Oh ! pas de cabinet, dit Lucile à Colifleur.

— Pourquoi cela, madame? dit Bernard; nous serons infiniment plus tranquilles ici que dans le salon.

— C'est que, monsieur, nous sommes un peu pressés, repartit Lucile; mon mari ne vous a peut-être pas dit...

— Tais-toi donc ! fit Colifleur à demi-voix.

Bernard n'avait rien d'un homme spirituel, mais il mangeait comme quatre. Dès le début, grâce à lui, le *tout petit dîner* prit des proportions géantes. Colifleur et sa femme se laissèrent gagner par l'exemple. On demanda des grands vins, on se porta des défis, — et les heures s'écoulèrent rapides, enchantées !

Lucile, à demi couchée sur le bras de son mari, lui dit entre deux verres-tulipes :

— Tu devrais bien me conduire ce soir au Cirque ; il y a si longtemps que j'ai le désir de voir *les Pilules du Diable ?*

Colifleur sonna.

— Envoyez louer au Cirque une loge d'avant-scène, dit-il au garçon.

Tout était oublié, on le voit.

Au dessert, Tournemine, qui aurait dû demeurer sacré pour eux, Tournemine n'était plus qu'un objet de risée; Colifleur proposa de le chansonner sur l'air de *Turlurette.*

Il commença :

A défaut de payement,
Qui doit faire en ce moment
Une bien piteuse mine?
Tournemine,
Mossieu Tournemine !

Et l'on répéta en chœur.

— A Bernard, maintenant ! s'écria Colifleur ; il faut que Bernard fasse son couplet !

Bernard se leva en chancelant, car il était incommensurablement ivre, et, se cramponnant de son mieux à l'*air*, il improvisa les paroles suivantes :

Tournemine, je ne connais que ça,
Il est dans la garde nationale ;
Mais ce n'est peut-être pas celui-là,
Tournemine,
C'est peut-être un autre Tournemine !

Après quoi il retomba lourdement sur sa chaise, en riant à verse.

Le couplet de Bernard fut honni ainsi qu'il méritait de l'être; et, comme il voulait le recommencer, en s'opiniâtrant sur la valeur de ses rimes, on le mit lui-même à la porte.

Bernard s'en alla comme il put.

VIII

Colifleur et sa femme ne sortirent de chez Bonvalet qu'après onze heures. Il ne fallait plus songer à se rendre chez Tournemine. D'ailleurs qu'y auraient-ils été faire? C'était trop tard pour aller au Cirque; la loge demeura vide. Tous deux s'en retournèrent par ces mêmes boulevards, qui les avaient vus le matin si triomphants et si honnêtes, — et qui les voyaient ce soir si confus. Colifleur avait brusquement serré dans la poche de son habit le sac, le fameux sac au fond duquel il ne restait plus que trois ou quatre pièces de cinq francs. D'un commun accord, ils avaient remis au lendemain les lamentations et les réflexions.

Nous ne répondrions pas que leurs têtes ne fussent un peu affolées par les vapeurs combinées du richebourg, du château-margaux et du sillery.

Ce qui donne un certain poids à notre assertion, c'est qu'après une demi-heure de chemin, abrégé par une conversation pleine de tendresse, de souvenirs, de serrements de doigts, Colifleur et sa femme se trouvèrent tout à coup sur la place de la Bastille, — eux qui croyaient sincèrement regagner la Madeleine.

Était-ce la fatalité qui les avait poussés là ?

Ils eurent ensemble un cri, et ils se regardèrent épouvantés; mais la mobilité de leurs sensations était telle, qu'à la stupeur succéda bientôt une hilarité condamnable.

Colifleur ayant une soif — qu'il ne s'expliquait pas, disait-il, — ils entrèrent dans le premier café venu, sur la place, un café qu'on allait fermer. Colifleur se fit servir un bishoff. Lucile demanda une glace à la vanille et au citron.

Un orage était survenu sur ces entrefaites. La pluie tombait par torrents.

Il se trouva que le maître du café était un homme très-aimable, et qui ne voulut pas les renvoyer par un pareil temps. Colifleur, pour laisser passer la pluie, lui proposa une partie de bézigue, qu'il accepta.

Au bout d'une demi-heure, Colifleur avait perdu vingt-cinq francs, consommation comprise. Alors, il tira son sac de sa poche, et le vida sur la table de marbre : il contenait juste cinq effigies.

— Maintenant, dit Colifleur en riant, il ne nous reste plus un sou. Lucile, mets ton châle. Bonne nuit, monsieur.

La pluie tombait toujours.

— Ces pauvres jeunes gens ne peuvent pas s'en aller comme cela, dit le maître du café. Georges, envoyez chercher une voiture sur la place.

— Mais, monsieur, murmura Colifleur, vous savez bien que...

— Permettez-moi de la payer.

— Ah! monsieur... vous êtes trop bon. J'accepte pour ma femme. Au moins, puis-je savoir votre nom?

Le maître de café répondit :

— Je m'appelle Tournemine.

LES

CORRESPONDANTS DRAMATIQUES

J'assistais l'autre jour aux derniers moments d'un journal de théâtres. — Le *Binocle*, « organe des intérêts artistiques, moniteur des spectacles, écho des coulisses, » cessait de paraître au milieu de sa deuxième année. Je n'essayai pas de consoler le rédacteur en chef à l'aide de quelques paroles banales. Les grandes douleurs sont muettes. Je lui serrai la main, — et nous nous comprîmes dans un coup d'œil.

Forcé de céder le jour même la place à un journal concurrent, qui s'était engagé à *servir* les abonnés du *Binocle*, le rédacteur en chef faisait ce qu'on appelle vulgairement *ses paquets*; il mettait dans ses poches les plumes, les canifs, les pains à cacheter, les lettres avec cet en-tête imprimé : *Cabinet de la rédaction*. A un moment donné, il regarda avec attendrissement sa grande paire de ciseaux : il la porta pieusement à ses lèvres, comme un guerrier fait de son épée; puis il l'enveloppa dans le dernier numéro du *Binocle*, — linceul de gloire !

— Voulez-vous une collection? me demanda-t-il tout à coup.

— Je la ferai prendre, répondis-je poliment.

Il y eut un instant de silence.

— Au moment où le journal allait si bien !... murmura-t-il en étouffant un soupir.

— C'est toujours comme cela.

— Quand le numéro de dimanche était tout prêt ! quand j'allais envoyer à l'imprimerie la copie de mes correspondants de province ! les plus charmants, les plus distingués, les plus spirituels correspondants qui se puissent voir ! — Ah ! ce que je regrette peut-être le plus dans la perte du *Binocle*, ce sont ses correspondants.

Alors, saisissant brusquement une liasse de papiers, qu'il me mit entre les mains :

— Tenez, me dit-il, emportez leurs lettres, je ne veux plus les voir, elles me font trop de mal...

— Volontiers, dis-je en souriant.

Et l'ex-rédacteur en chef, ayant accompli ce sacrifice, retomba dans l'abîme de sa douleur.

C'est cette correspondance que j'ai dépouillée et classée. Elle m'a paru résumer divers types, sérieux ou plaisants, qui ont dû frapper l'attention de ceux qui lisent régulièrement les journaux de théâtres. Je me suis contenté de changer quelques villes et quelques noms. — Et encore !

I

LE CORRESPONDANT CONSCIENCIEUX

Lille. — Le bénéfice de madame Salesses avait attiré beaucoup de monde. Notre première chanteuse avait choisi, pour cette solennité, le rôle de Catarina dans la *Reine de Chypre* ; elle en a rendu les principales situations avec un talent hors ligne; impossible de mettre plus de science et d'énergie dans le second acte. Sa voix est fraîche, nettement timbrée, et son jeu des plus sympathiques; elle a été applaudie maintes fois avec justice.

M. Casteran s'est placé très-haut dans l'opinion publique par sa création de Gérard; on lui a fait une véritable ovation après son beau duo avec M. Flachat-*Lusignan*. — Courage, M. Casteran ! travaillez ; surveillez vos notes de tête, et nous osons vous prédire un brillant avenir.

M. Lamy avait bien voulu se charger du rôle de Mocenigo; le public lui a su gré de cette complaisance.

Constatons les progrès de M. Léopold; ce jeune artiste se concilie de jour en jour la faveur des habitués par le soin et le zèle tout particuliers qu'il apporte à chacun des rôles qu'on lui confie.

Le ballet a fourni aux charmantes sœurs Tapeau l'occasion de récolter de légitimes encouragements. L'heure n'est pas loin où ces délicieuses sylphides prendront leur vol vers la capitale.

Si j'étais Roi et le *Songe d'une nuit d'été* font toujours de belles recettes. Il est vrai qu'il est difficile de mieux interpréter que M. Melchisédec le rôle de Zéphoris. Flachat est fort bien placé dans celui de Falstaff; c'est bien là ce joyeux et insouciant compagnon, ce hardi coureur d'aventures, la plume au côté et l'épée au chapeau[1] ! — Madame Battandier, que Rouen nous enlève l'année prochaine, tient son emploi de la manière la plus satisfaisante. Nous voudrions pouvoir en dire autant de mademoiselle Ludovic Henry, dont la grâce mutine nous avait d'abord séduit; mais cette dame se néglige de plus en plus; on l'entend à peine, et les murmures du parterre l'ont plusieurs fois interrompue dans son grand air d'*Haydée.*

Les artistes du drame ont joué dernièrement les *Chevaux du Carrousel*, amphigourique conception qui ne tiendra pas longtemps l'affiche. M. Longpré y a pourtant fait preuve de talent et de diction. Gonfalot est plus que jamais l'enfant gâté des Lillois; il lui suffit de paraître en scène pour exciter une immense hilarité. M. Tourteaux fait très-bien sa partie avec lui dans le *Philtre champenois*.

[1] C'est sans doute le contraire qu'a voulu dire le correspondant consciencieux. Mais la fougue de l'improvisation!

Bardou est attendu dans nos murs d'ici au 15 courant. — Avis aux amateurs de la franche gaieté.

L. Libert.

II

LE CORRESPONDANT POLÉMISTE

Saint-Étienne. — Je vois à l'instant, dans votre dernier numéro, mon cher ami, la réponse de M. Félix Bernard, le correspondant du *Farfadet,* à ma lettre du 22. Écrire n'est pas répondre. Tout le monde, à Saint-Étienne, sait le nom que recouvre ce pseudonyme; c'est le secret de Polichinelle. Lorsque j'eus le malheur, à cette même place, de résumer l'opinion des abonnés sur le talent de mademoiselle Ardélion et d'exprimer sur son troisième début des appréhensions malheureusement justifiées, j'ignorais que j'allais m'attirer des foudres parties d'un certain entresol de la mairie. — Chut!

A l'heure qu'il est, mademoiselle Ardélion est partie. Bon voyage! — Elle a été remplacée au pied levé par madame Manrique, une Dugazon, que semble patronner le *Mémorial* de notre ville. Nous répondrons la prochaine fois aux insinuations et aux allégations du rédacteur de cette feuille.

Un monsieur, dont nous voulons bien taire le nom

par égard pour sa famille, m'a adressé, dans une lettre, de vives récriminations au sujet de mon article sur la représentation du *Chalet*. Ce monsieur saura que je ne reçois de leçons de personne, mais que j'en donne quelquefois. — A bon entendeur, salut.

On annonce la prochaine arrivée de Bardou, le joyeux compère, — à propos de qui j'ai dû soutenir l'an dernier avec deux journaux de Lyon une si vive polémique; vous rappelez-vous?

O. Rutancherre.

III

LE CORRESPONDANT FAMILIER

Agen. — Le motif de mon silence depuis deux mois, mon cher directeur, est dans le mariage de mon troisième frère avec la nièce de M. Filhon. Cet événement m'a un peu détourné du théâtre, où d'ailleurs rien de remarquable ne s'est produit. On a pourtant annoncé les *Mousquetaires de la Reine*, mais vous savez combien ma maudite névralgie me rend rebelle à la musique, quelque bonne qu'elle soit. Je n'ai donc pas pu entendre le chef-d'œuvre d'Halévy, et je le regrette.

On m'a affirmé que mademoiselle Mouilleron était ravissante dans le rôle de Berthe de Simiane ou d'Athénaïs de Solanges, je ne sais pas au juste. Si ma vue se rétablit d'ici à quelque temps, j'irai certainement voir mademoiselle Mouilleron.

Vous avez appris sans doute que Ligier était venu donner quelques représentations. Sans la chaleur étouffante qui s'est produite la semaine dernière, j'eusse été un des premiers à applaudir notre éminent tragédien; malheureusement je ne puis rester un quart d'heure dans une salle de spectacle sans éprouver aussitôt des bourdonnements d'oreilles. — Mais j'ai entendu dire au café que Ligier avait été admirable dans les *Enfants d'Édouard* et dans *Louis XI*. Je n'en doute pas, ni vous non plus, je pense.

On lit ici votre journal avec beaucoup d'intérêt, à cause de la vérité et de l'impartialité de ses comptes rendus. Venez donc à Agen, vous y serez reçu à bras ouverts : vous devez vous souvenir qu'à mon dernier voyage à Paris, il y a quatre ans, vous m'avez promis cette visite. — En attendant l'exécution de votre promesse, je continuerai, comme par le passé, à vous tenir avec exactitude au courant de tout ce qui se passera de nouveau sur notre théâtre.

Bardou arrive dans quelques jours; comptez sur une lettre de moi, — à moins que mes arbres fruitiers ne me retiennent plus longtemps que je ne le voudrais à la campagne.

Mes civilités à votre belle-sœur.

C. A. Ladevèze.

IV

LE CORRESPONDANT ROMANTIQUE

Nimes. — Rouvière à Nîmes! Rouvière dans *Hamlet* et dans la *Reine Margot!* En apprenant cette nouvelle, nous avons tressailli d'aise! Les temps glorieux du drame allaient donc ressusciter! nous allions donc nous retrouver face à face avec ces géants de la scène : Shakespeare et Dumas!

Il a paru enfin, le grand artiste! Il a paru, et tous les fronts se sont courbés sous sa parole comme les épis sous un vent d'orage! Dire l'ampleur, l'éclat, l'originalité que Rouvière a déployés dans ce rôle foudroyant et multiple d'Hamlet, c'est impossible! Nous haletions dans un coin de l'orchestre; nos ongles se crispaient sur notre poitrine, nos dents s'entrechoquaient, nous étions heureux! oh oui! bien heureux, allez!!!

Et quand ce fut le tour de Charles IX, de ce roi assassin, aux veines injectées de haine et de dévotion, comme il fut beau, Rouvière! comme il fut rayonnant! La salle faillit crouler sous les applaudissements. Elle n'a pas croulé, elle a bien fait.

Le maître nous promet pour bientôt *Maître Favilla* et le *Comte Hermann*. A bientôt donc!

P. S. — Bardou succédera à Rouvière, comme le rire aux larmes, comme la chanson de l'oiseau aux mugissements de la tempête.

TRUCIVAL.

V

LE CORRESPONDANT NAIF

PAIMBŒUF. — Monsieur le directeur, notre cité vient d'avoir, elle aussi, ses jours de fète, grâce à l'excellente troupe de M. Battuécas, qui y a donné quatre représentations. Nous avons entendu pour la première fois un opéra-comique intitulé : *Fra Diavolo ou l'Hôtellerie de Terracine.* Il s'agit, dans cette pièce, d'un brigand aux manières élégantes, qui fait la cour en même temps à la femme d'un milord et à une servante d'auberge. Cette donnée originale a fourni d'heureuses saillies à l'auteur des paroles; quant à la musique, on l'a écoutée avec bienveillance. Ce qui a été le plus applaudi, c'est un solo de basson, ingénieusement intercalé dans l'ouverture, et exécuté par un amateur de première force de notre ville.

Le spectacle a été suivi, ce soir-là, de *Michel et Christine*, vaudeville en un acte, qui a tiré de douces larmes d'attendrissement des yeux de nos jolies Paimbœuvaises. Vous saurez, monsieur le directeur, que c'est l'histoire d'un lancier français, nommé Stanislas, à qui son colonel expirant a remis sur le champ de bataille un portefeuille, en lui recommandant d'en faire bon usage. Le lancier s'arrête dans une auberge qu'il a l'intention d'exploiter pour son propre compte, mais il renonce à ce projet en faveur du jeune paysan Michel. Une actrice de la troupe s'étant trouvée subitement indisposée, c'est le régisseur qui a dû lire le rôle de Christine. La pièce n'y a pas perdu : M. le régisseur a mis beaucoup de sentiment dans sa diction, et il a été rappelé avec les autres acteurs.

Nous avons eu le surlendemain la *Grâce de Dieu;* c'est un mélodrame tellement compliqué que vous me pardonnerez de ne pas vous en faire l'analyse. Il y a du pathétique dans plusieurs endroits, et le style est coulant en général. Madame Dubuc, qui jouait Marie, a captivé les suffrages de tous les connaisseurs.

Connaîtriez-vous par hasard les *Deux divorces?* Voilà un petit bijou ! Il serait à souhaiter que tous nos auteurs prissent modèle là-dessus. M. Battuécas, le directeur, a été impayable en père Lefèvre, surtout lorsqu'il est en ribote et qu'il veut se séparer de sa femme. C'était la nature prise sur le fait. Madame Battuécas a aussi bien du mérite.

La troupe a fait ses adieux en rejouant, à la demande générale, *Fra Diavolo ou l'Hôtellerie de Terracine.* A la fin de l'ouvrage, on a jeté à madame Battuécas une couronne avec ces quatre vers :

A vous nos souvenirs, ravissante sirène!
Tous les cœurs de Paimbœuf vous proclament leur reine;
Revenez donc parmi notre population:
Vous nous délasserez de nos occupations.

L'auteur de ces jolis vers est, dit-on, le propriétaire de l'hôtel du Commerce.

On parle de l'arrivée prochaine d'un acteur célèbre, nommé Bardou. J'irai l'attendre au bateau à vapeur.

PATY-BOULAI.

VI

LE CORRESPONDANT MILITAIRE

BLIDAH. — Vive Dieu! parlez-moi de M. Constant, notre nouveau régisseur, pour mener rondement les affaires. En quinze jours, il n'a pas monté moins de quatre grands drames, sans compter les vaudevilles; — une, deux, trois!

Pascal et Chambord a été joyeusement enlevé par mademoiselle Marguerite, gentille à croquer sous les traits de Wilhelmine. Nos deux désopilants comiques, Émile et Vignères, ont fait assaut de verve et d'entrain. Vrai, c'était à se tordre sur les banquettes. — *Qui se ressemble se gêne* et les *Brodequins de Lise*, avec mademoiselle Marguerite, n'ont pas reçu un accueil moins favorable de la part de notre brave public.

Dimanche dernier, spectacle forcé : *Rita l'Espagnole*, la *Rue de la Lune*, et *Un monsieur et une dame*. M. Gilbert, notre grand premier rôle, a donné tous ses moyens et emporté le succès à la baïonnette. MM. Osannaz et Jules Bertrand ont mérité pour leur part d'être inscrits à l'ordre du jour. Mais les honneurs de la soirée ont été sans contredit pour mademoiselle Marguerite, qui jouait Rita. Voilà une comédienne, sarpejeu ! Quel brio ! quel chic ! quel nerf ! il faudrait avoir une âme de chacal pour résister à tant d'attraits. — Bravo, mademoiselle Marguerite, bravissimo !

Dans les entr'actes, M. Thibault fils a chanté deux chansonnettes comiques : Le *Marchand d'images* et *Lolo à la correctionnelle*. Nous a-t-il assez fait rire ! Pends-toi, Levassor, tu as trouvé un rival à Blidah !

Bardou est engagé pour dix représentations; frottons-nous les mains, morbleu !

LE CONGRÈS DES STATUES

La scène se passe dans l'île des Cygnes, au dépôt des marbres, à la hauteur de Grenelle. Il est minuit. La lune donne, et éclaire une multitude de statues, les unes debout, les autres assises sur le gazon

Le bureau est ainsi composé :

Président : Henri IV.
Vice-présidents : Guttemberg et la statue du Commandeur.
Secrétaire-rapporteur : Rossini.

HENRI IV (du Pont-Neuf), *agitant une sonnette.*— Messieurs, la séance est ouverte.

QUELQUES VOIX. — Nous ne sommes pas en nombre.

D'AUTRES VOIX. — Si ! si !

MARCEAU (de Chartres). — Je demande l'appel nominal.

DESCARTES (de Tours). — Vous avez raison; l'appel nominal ! La méthode avant tout. *(On procède à l'appel nominal, dont le résultat donne un excédant de dix-huit membres.*)

HENRI IV. — Ah! vous voyez bien. La parole est à monsieur le secrétaire, pour la lecture du procès-verbal de la dernière séance.

ROSSINI (du contrôle de l'Opéra), *se levant.* — Messieurs... je prie le bureau, ainsi que mes chers confrères, de m'excuser... (*A part.*) Que ces sous-pieds de marbre me gênent! (*Haut.*) Le temps m'a malheureusement manqué pour rédiger le procès-verbal en question. (*Murmures.*)

HENRI IV. — Le bureau, qui comptait entièrement sur vous, monsieur Rossini, ne peut s'empêcher de vous manifester son mécontentement. Comment voulez-vous que nous arrivions à des séances régulières si vous, un membre de notre comité, vous êtes le premier à donner l'exemple de l'infraction à nos statuts?

M. DE TOURNY (de Bordeaux). — C'est intolérable, en effet.

ROSSINI. — Permettez...

BOIELDIEU (de Rouen). — Il faut infliger un blâme public au secrétaire!

ROSSINI. — Monsieur Boïeldieu en parle bien à son aise. Je ferai observer à l'assemblée que ma situation au milieu d'elle est tout à fait exceptionnelle et mérite quelque indulgence. Je suis encore vivant, *per Bacco!* J'ai des devoirs à remplir sur terre, et cela me force à faire deux parts de mon temps. Comme homme, je vous suis tout acquis ; mais comme statue, je manque évidemment de loisirs.

SUCHET (de Lyon). — Il a raison.

ROSSINI. — Ce soir, par exemple, afin de ne pas faire défaut à notre réunion, j'ai été obligé de m'esquiver de chez moi en laissant inachevée une partie de bouillotte avec quelques amis. Il ne me reste plus une seule minute pour faire des opéras et des macaronis. Je ne me plains pas, je n'ai pas ce mauvais goût. Mais je désirerais au moins que le comité voulût bien m'adjoindre quelqu'un.

BOIELDIEU. — Toujours paresseux !

HENRI IV. — Les fonctions de secrétaire incombant aux plus jeunes membres, je propose à l'assemblée M. Casimir Delavigne (du Havre-de-Grâce).

CASIMIR DELAVIGNE. — Ma vue est bien mauvaise...

HENRI IV. — Si personne ne réclame le scrutin, nous voterons par assis et levé. — Que ceux qui désirent M. Casimir Delavigne pour secrétaire rapporteur veuillent lever la main. — Très-bien. Il y a presque unanimité. La contre-épreuve est inutile. M. Casimir Delavigne est nommé secrétaire rapporteur conjointement avec M. Rossini.

CASIMIR DELAVIGNE. — Comme c'est désagréable ! (*A M. de Buffon.*) Ne pourrais-je pas me désister de mes fonctions en votre faveur, monsieur le comte?

BUFFON (du Jardin des Plantes). — Merci ; je ne veux pas abîmer mes manchettes.

GOETHE (de Francfort), *traversant le pont de Grenelle avec Pierre Corneille.* — Hâtons-nous, mon cher collègue, je vois là-bas que la séance est commencée.

PIERRE CORNEILLE. — Écoutez donc; je suis venu à pied de Rouen, et mon soulier me fait mal.

GOETHE. — Ah oui! ce fameux soulier...

HENRI IV. — L'ordre du jour appelle le dépouillement de la correspondance. — Monsieur le secrétaire, vous êtes invité à lire les lettres parvenues au comité. (*Rossini lit plusieurs réclamations de statues auxquelles il manque un nez, un bras ou quelque autre portion d'elles-mêmes.*)

PARMENTIER (de Montdidier), *au général Damesme.* — Hum!... ne sentez-vous pas, comme moi, une odeur...

LE GÉNÉRAL DAMESME (de Fontainebleau). — Une odeur de pipe? Oui.

HENRI IV. — Qui est-ce qui fume ici?

MANNEKEN-PIS (de Bruxelles). — Pardine! ce n'est pas difficile à deviner, *savez-vous;* c'est Jean Bart.

JEAN BART (de Dunkerque). — Méchant gringalet! je vas t'envoyer dans la Seine.

HENRI IV, *avec douceur.* — Voyons, Jean Bart; il y a des dames.

JEAN BART, *en murmurant.* — C'est bon; on va s'éteindre...

MANNEKEN-PIS. — Si vous avez besoin de moi pour ça, *savez-vous?*

JEAN BART. — Mille sabords! (*Il menace Manneken-*

pis, qui se sauve derrière la statue de Grétry (de Liége).

JEANNE HACHETTE (de Beauvais), *bas à Jean Bart.* — Allez, finissez votre pipe, mon brave; ne vous gênez pas pour moi. Je ne suis pas une mijaurée.

PHILIBERT-EMMANUEL (de Turin).— Silence donc! écoutez la correspondance.

JEAN DE LA FONTAINE (de Château-Thierry). — Quelle correspondance?... Dites-moi, a-t-on élevé une statue à Barruch?

HENRI IV. — Ces diverses réclamations seront renvoyées à la commission de restauration. — Maintenant, messieurs, si vous le voulez bien, nous allons passer à la réception de notre nouveau collègue, M. Lhomond.

DUCANGE (d'Amiens), *à Cambronne.* — C'est mon compatriote. Une excellente acquisition pour notre société, vous verrez.

CAMBRONNE (de Nantes). — Eh! qu'est-ce que cela me fait?

DUCANGE. — Dites donc, vous le prenez sur un ton...

CAMBRONNE. — Je le prends comme il me plaît; allez vous promener, vous!

DUCANGE. — Monsieur!...

CAMBRONNE. — ... La garde meurt et ne se rend pas.

HENRI IV. — Monsieur Lhomond, vous pouvez vous avancer...

LA TOUR (de Saint-Quentin). — Le masque est ingrat; je n'aurais pas aimé à dessiner cette tête-là.

JEANNE HACHETTE (de Beauvais), *à Clémence Isaure.* — Qu'est-ce que c'est que ce Lhomond? un guerrier?

CLÉMENCE ISAURE (du Luxembourg). — Non, madame, un professeur.

JEANNE HACHETTE. — Encore!

LHOMOND, *lisant un papier.* — Jeunes élèves... je veux dire : chers collègues... *distinguo...* Mon bonheur est grand de me trouver parmi vous, et je puis m'écrier comme dans les exemples de ma *Grammaire :* Je suis favorisé de la fortune, *mihi favet fortuna !...* car, ainsi que vous ne l'ignorez point, *faveo* n'a point de passif...

DUGUESCLIN (de Dinan). — Que nous chante ce particulier-là?

LHOMOND, *continuant.* — Je viens de parler de ma *Grammaire;* c'est assez naturel, n'est-ce pas? Un père aime ses enfants, *pater amat suos liberos...* Je vous parlerai tout à l'heure de mon *Epitome* et de mon *De viris illustribus ;* car, moi aussi, je fus un auteur fécond... J'ai été lu, *lectus sum* ou *fui...*

JEANNE HACHETTE, *à Clémence Isaure.* — Comprenez-vous quelque chose?

CLÉMENCE ISAURE, *sèchement.* — Mais certainement, c'est de la belle latinité.

JEANNE HACHETTE. — Excusez-moi, madame. (*A part.*) Bégueule, va!

LHOMOND, *continuant.* — Quelques-uns d'entre vous, mes chers collègues, se souviennent peut-être encore de mes leçons... Je me réjouis de vous avoir été utile ;

tournez : de ce que je vous ai été utile, *gaudeo quod tibi profuerim*... Pendant toute ma vie, j'ai pu dire avec orgueil : j'enseigne la grammaire aux enfants; tournez : j'instruis les enfants sur la grammaire, *doceo pueros grammaticam*... Je reçois aujourd'hui la récompense de mes travaux. . Ma *Grammaire*...

PIERRE LE GRAND (de Pétersbourg). — Ah çà! est-ce qu'il ne va pas sortir de sa *Grammaire?*

JACQUART (de Lyon). — Il commence à me mécaniser.

DUCANGE (d'Amiens) *à Érasme.* — C'est une excellente acquisition pour notre société que ce Lhomond. Êtes-vous de mon avis?

ÉRASME (de Dordrecht). — Je n'ai pas d'avis.

MANNEKEN-PIS, *s'approchant de Ducange.* — M'sieu, c'est-y vous qui avez fait *Trente ans ou la Vie d'un joueur ? (Ducange lui lance un regard courroucé.)*

LHOMOND, *continuant.* — Ce serait pour mon cœur une douce satisfaction d'apprendre que ma *Grammaire* est toujours en usage dans les colléges... Ce livre coûte vingt sous, *hic liber constat viginti assibus*... Du moins, c'était ce qu'il coûtait dans mon temps... dans mon temps... — Ah! mon Dieu! j'ai interverti les feuillets de mon discours; ce sont mes élèves de sixième qui me les auront chipés... Comment m'y retrouver à présent? — Chers collègues... *statua*, la statue... Laquais, chassez les mouches... Les verbes déponents se conjuguent comme les verbes passifs. — Est-ce pendant le trajet que je les ai égarés?... *Bonus, bona, bonum.*

CAMBRONNE. — Qui est-ce qui nous a fichu un Chinois pareil ?

MANNEKEN-PIS. — A bas les pions ! Vivent les vacances ! (*Tumulte.*)

GUTTENBERG (de Strasbourg), *bas à Henri IV.*— Il faut venir à son secours.

HENRI IV. — Monsieur Lhomond, l'assemblée tout entière déplore vivement la perte de votre manuscrit... d'autant plus qu'elle était décidée à en voter l'impression — chez notre collègue Guttemberg. (*Mouvement de Guttemberg.*) Le comité vous remercie des compliments que vous avez bien voulu lui adresser, dans une langue qui vous est familière et à la culture de laquelle vous devez votre plus beau titre de gloire.

LE GÉNÉRAL DE BOIGNE (de Chambéry), *étonné.* — S'exprime-t-il assez bien, cet Henri IV ! Où diable a-t-il été chercher ces formules académiques?

DUCANGE, *à Bernardin de Saint-Pierre.* — Voulez-vous me permettre de vous exprimer mon opinion?

BERNARDIN DE SAINT-PIERRE (du Hâvre). — Volontiers, monsieur Ducange.

DUCANGE. — Eh bien! Lhomond est une excellente acquisition pour notre société. Il nous dédommagera de cette masse de freluquets et d'artistes que la France nous envoie depuis quelque temps, je ne sais pourquoi.

MAURICE DE SAXE (de Strasbourg). — Laissez donc ! il est assommant, votre Lhomond. (*Ducange s'éloigne, anéanti.*)

HENRI IV. — Messieurs, pour terminer la séance, je vais prier l'honorable M. Viennet de nous dire une fable. (*Surprise dans l'auditoire.*)

PLUSIEURS VOIX. — Mais M. Viennet n'est pas de notre société.

L'ABBÉ DE L'ÉPÉE (de Versailles). — M. Viennet n'a pas de statue!

GEOFFROY-SAINT-HILAIRE (d'Étampes). — Pas possible!

HENRI IV. — On m'avait affirmé cependant...

VOIX NOMBREUSES. — La clôture! la clôture!

L'ordre du jour étant épuisé, l'assemblée procède, par voie d'élection, au renouvellement par tiers du comité. Voici les noms des dix-huit membres sortants :

Guillaume le Conquérant, Jenner, Augustin Haüy, Molière, Le Rémouleur, Fléchier et Henri IV.

Ont été élus, en remplacement et après un seul tour de scrutin :

Spartacus, 314 voix;
Puget, 311;
Amyot, 296;
Mathieu Dombasle, 295;
Jacques Cœur, 290;
Galilée, 288;
Talma et Louis XIV, *ex æquo*, 281.

Immédiatement, le comité a constitué son bureau, qui se trouve composé de la manière suivante, pour l'exercice 1860-1861 :

PRÉSIDENTS D'AGE : Memnon, madame Loth.
PRÉSIDENT : Pasquin.

VICE-PRÉSIDENTS : Voltaire, le maréchal Ney.
SECRÉTAIRES-RAPPORTEURS : Rossini, Casimir Delavigne.
TRÉSORIER : Jacques Cœur (de Bourges).
ARCHIVISTE : Massillon (de la place Saint-Sulpice).

UN COQ, dans le lointain. — Cocorico!
PASQUIN. — Messieurs, la séance est levée.

MON ESTOMAC

FÉERIE EN PLUSIEURS TABLEAUX, AVEC PROLOGUE ET ÉPILOGUE

PROLOGUE

Le théâtre représente un gastronome, vu intérieurement.

UN VERRE DE MADÈRE. — Holà! quelqu'un! la maison! N'y a-t-il personne?

L'ESTOMAC. — Qu'est-ce que c'est? Pourquoi me réveiller en sursaut? Il n'est encore que deux heures de l'après-midi; laissez-moi tranquille un moment. (*Il bâille.*) Aouââh!

LE MADÈRE. — Debout, paresseux! Je suis envoyé comme ambassadeur, pour te prévenir qu'il y aura branlebas ce soir. — Un dîner épique! Neuf couverts, le nombre des Muses; trois services, le nombre des Grâces. Il faudra te montrer.

L'ESTOMAC. — Encore! Je n'aurai donc jamais un jour de repos! Quel maître exigeant! — C'est que je ne suis pas tout à fait remis du dernier repas du Cercle Grammont Saint-Hubert et du banquet des orphéonistes, à Londres...

LE MADÈRE. — Bah! bah! tu en verras bien d'autres. D'ailleurs, on va t'envoyer quelques apéritifs, pour te préparer. Oh! l'on ne veut pas te prendre en traître. (*On entend du bruit à la cantonnade du larynx.*) Tiens! justement, voilà que ça commence.

L'ESTOMAC. — Déjà!

UN BITTER A LA HAVRAISE. — Bâbord et tribord! Cric, crac! Sabot et cuiller à pot!

L'ESTOMAC. — Pouah! Quelle est cette nouvelle invention? Ça pue l'acajou.

LE BITTER. — Serais-je par hasard dans l'estomac d'un bourgeois? Mille sabords! Si je le croyais!...

L'ESTOMAC. — As-tu fini, marin d'estaminet!

UN VERRE DE VERMOUT. — Tu me reconnaîtras mieux sans doute, moi, car ma réputation est basée sur des mérites réels.

L'ESTOMAC, *avec amertume.* — Encore un joli farceur!

LE VERMOUT. — Parle avec plus de respect du célèbre vermout de Turin.

L'ESTOMAC. — La première enseigne que mon maître aperçut à Turin, l'an dernier, rue du Pô, sur la gauche, en venant de la *piazza Castello,* fut celle-ci : « Vermout de Bordeaux. »

UN VERRE D'ABSINTHE, *survenant.* — Paix!

L'ESTOMAC, *épouvanté.* — L'absinthe!!!

L'ABSINTHE. — Voyons, tout est-il en ordre ici? L'heure avance. A-t-on apprêté les appartements? A-t-on lavé, ciré, frotté, épousseté? Comment! le ménage n'est pas encore fait! A quoi pensez-vous donc? Hâtez-vous, vous dis-je. Un coup de balai par ici, un coup de plumeau par là. Que tout soit net et resplendissant!

L'ESTOMAC, *à part.* — Diable! il paraît que cela sera grave.

PREMIER TABLEAU

Même décor. — Le gastronome à table. — Six heures du soir.

LA BISQUE D'ÉCREVISSES. — Je suis harmonieuse et fondante. J'ai la suavité dans la force. Vénus m'accueille à ses banquets avec un bienveillant sourire.

L'ESTOMAC. — C'est possible, mais tu es diantrement épicée.

LA BISQUE D'ÉCREVISSES. — La saison est brûlante; tu as besoin de toniques.

L'ESTOMAC. — Oh! que de poivre!

UN VERRE DE XÉRÈS. — Voici le remède.

L'ESTOMAC. — A la bonne heure! cela se laisse boire, au moins; et, comme dit le poëte :

Xérès des Chevaliers n'a rien produit de tel!

LE XÉRÈS. — Tu as de la mémoire.

L'ESTOMAC, *modestement.* — Oh! la mémoire de l'estomac.

LA TRUITE SAUMONÉE. — Je viens te rappeler les bords du Rhin, la bonne Allemagne qui aime tant les écus des petits Français.

L'ESTOMAC. — Soit; je me sens vraiment dispos, et cette sauce génevoise a de l'accent.

LE FILET A LA ROYALE. — Alors, que diras-tu donc de moi? Étudie et savoure.

L'ESTOMAC. — A boire!

LE VIN DE CHATEAU-LAROSE. — Présent! (*Le dîner continue.*)

DEUXIÈME TABLEAU

Même décor. — Sept heures et demie.

LE ROTI DE CAILLE. — Paye tes dettes! paye tes dettes!

L'ESTOMAC. — Ah bien! oui, le moment est heureusement choisi. On n'a que faire de vos conseils, ma mie caillette.

LE ROTI DE CAILLE. — Paye tes dettes! paye tes dettes!

L'ESTOMAC. — Veux-tu te taire, oiseau-remords! Tu vas attrister cette agape.

LE CHAMBERTIN. — Attends, je vais le noyer.

LE ROTI DE CAILLE. — Paye... tes... dettes! Paye... (*Sa voix s'éteint.*)

L'ESTOMAC. — On ne devrait jamais admettre des personnes aussi indiscrètes dans un repas bien ordonnancé.

LE SORBET MOUSSEUX. — Tu as raison.

L'ESTOMAC. — Aïe! que ne préviens-tu? Tu es froid comme Louis Huart.

LE MACARONI. — Ne faites pas attenzion; ze souis le macaroni; ze file, ze coule, ze m'introdouis; presto, Figaro, presto!

L'ESTOMAC. — Presto, presto; ce n'est pas une raison pour m'étouffer. — Voyons, mes chers amis, je ne demande pas mieux que de vous faire bon accueil à tous. C'est convenu. Mais soyez raisonnables aussi. Il est visible qu'il ne me reste plus de place, plus du tout.

LES PETITS POIS. — On se serrera.

LE MACARONI. — Ze me contenterai d'oun strapontin.

LE CHAMPAGNE, *faisant son entrée en chantant.* — *Plus on est de fous, plus on est de fous, plus on est de fous...*

L'ESTOMAC. — Toujours plaisant! Passe pour toi; tu me rajeunis. Et puis tu es le Ruggieri obligé de toute féerie intime.

LE CHAMPAGNE. — Que dirais-tu donc si tu pouvais entendre les drôles de choses qu'on débite là-haut? Ils sont là huit ou neuf gaillards, — dont un avoué, — qui parlent tous à la fois.

L'ESTOMAC. — Tu aurais bien dû me rapporter un calembour.

LE CHAMPAGNE. — La mode en est finie; mais je puis te dire le premier couplet de la chanson qu'ils chantaient en chœur.

L'ESTOMAC. — Musique de qui?

LA BOMBE GLACÉE. — Musique de M. Mangeant, parbleu!

LE CHAMPAGNE. — Ah! le jeu de mots y est.

L'ESTOMAC. — Va pour le premier couplet...

LE CHAMPAGNE. — Hum! je commence.

CHANSON

Plus blanche que l'hermine blanche,
La nappe appelle le banquet;
La girandole à chaque branche
Concentre la flamme en bouquet.
Sur la serviette en pyramide
Les convives cherchent leurs noms;
L'œil brille, la lèvre est humide...
C'est l'heure où l'on dîne, — dînons!

L'ESTOMAC. — Pas mal; mais qui me dira la suite?

UN SECOND VERRE DE CHAMPAGNE. — Moi!

Majestueux comme un notaire,
Debout derrière mon fauteuil,
Un garçon dit avec mystère :
— « Monsieur, Saint-Estèphe ou Bourgueil? »
Les pieds glacés, l'Aï frissonne.
Honneur aux dieux que nous servons!
Demain, je n'y suis pour personne...
C'est le soir où l'on boit, — buvons!

L'ESTOMAC. — C'est chaud, c'est chaud.

UN TROISIÈME VERRE DE CHAMPAGNE. — Troisième couplet.

Que tout brille et s'épanouisse,
Les parfums, les cristaux, les sons!
Qu'au bruit de nos coupes s'unisse
Le tapage de nos chansons!
Que chacun de nous improvise,
Fût-ce des vers de mirlitons...
Siraudin fera la devise.
C'est l'heure où l'on chante, — chantons!

L'ESTOMAC. — Sacré champagne, va! il me met en goguette malgré moi.

UN QUATRIÈME VERRE DE CHAMPAGNE. — Quatrième couplet!

L'ESTOMAC. — Comment! il y en a encore? Oh! diable!

LE CHAMPAGNE. — C'est le dernier.

Est-ce Clémentine? est-ce Estelle
Qui sur mon épaule s'endort?

L'ESTOMAC, *interrompant.* — Il y a donc des dames... des petites dames, hé! hé!

LE CHAMPAGNE. — Mais certainement.

L'ESTOMAC. — Farceur!

LE CHAMPAGNE. — Je reprends :

Est-ce Clémentine? est-ce Estelle
Qui sur mon épaule s'endort,
Laissant pendre un bout de dentelle
Dans le champagne aux perles d'or?

Mon œil, sous le mouvant corsage,
Entrevoit la neige des monts.
La plus folle, c'est la plus sage...
C'est la nuit où l'on aime, — aimons!

L'ESTOMAC. — Ah! bravo! bravo! — Je me laisse entrainer, tant pis. — A bas la politique! — Larifla, fla, fla! larifla! (*Le dîner continue.*)

TROISIÈME TABLEAU

Même décor. — Neuf heures.

L'ESTOMAC. — Excellent café! arome pénétrant! Ma foi, encore une tasse.

LE COGNAC. — A la bonne heure!

L'ESTOMAC. — Oh! doucement, doucement! Pas de bain de pied.

LE RHUM. — Tu as raison; le bain de pied est absurde et incommode.

L'ESTOMAC. — Mais qui t'appelle, toi?

LE RHUM. — Je viens pousser le cognac.

LE CURAÇAO. — Je viens pousser le rhum.

L'ANISETTE. — Je viens pousser le curaçao.

L'ESTOMAC. — Grâce!

LE KIRSCH. — Ranchez-fus, fus audres; ne me regonnaisez-fus boint?

L'ESTOMAC. — C'est le kirsch de la forêt Noire! Je suis joli!

LE KIRSCH. — Ezze gue che fus vais bir?

L'ESTOMAC. — Qu'est-ce qu'il dit?

LE MARASQUIN. — Il demande s'il te fait peur.

L'ESTOMAC. — Je le crois bien, parbleu!

LE KIRSCH. — Tarteiffle!

L'ESTOMAC, *au kirsch.* — Allons, mon brave, ne vous fâchez point. On ne fait pas d'esclandre ici. Pourquoi diable venez-vous si tard? On ne complait plus sur vous.

LE KIRSCH. — Ch'aggzebde vos exguices.

L'ESTOMAC. — Qu'est-ce qu'il dit?

LA CRÊME DE MENTHE. — Il dit qu'il accepte vos excuses.

L'ESTOMAC. — On croirait qu'ils s'apaisent là-haut. Je n'entends presque plus rien. C'est généreux à eux de me laisser un instant de répit.

BARCAROLE

Comme tout change! Il y a quatorze ou quinze ans, je m'estimais heureux d'avoir un hareng saur à mon repas du matin, — et à mon repas du soir;

Un hareng saur arrosé d'un claret, qui aurait pu passer facilement pour le Markowski des chèvres. C'était le bon temps, — si l'on veut.

Aujourd'hui, il me faut des chères bien autrement précieuses, des vins bien autrement opulents. Comme tout change!

Et quand même j'aurais conservé une secrète affection pour le hareng saur, quand même je ne serais pas encore insensible aux rudesses de l'argenteuil, — hélas! il me serait impossible d'en obtenir de mon maître. Réputation oblige.

Mon maître est un des notables d'Obésopolis, la cité de l'embonpoint. Il a quotidiennement son couvert mis à toutes les riches tables. Sa grandeur l'enchaîne au pavillon d'Armenonville.

Ah! je suis un estomac bien malheureux! Je regrette quelquefois le temps où je ne mangeais pas mon *content*. J'ai la nostalgie de Flicoteaux. — Comme tout change!

QUATRIÈME TABLEAU

Même décor. — Minuit. — Apparition de quelques flammes.

L'ESTOMAC. — Au feu! au feu! à l'aide!

UN VERRE DE PUNCH. — Tais-toi donc : tu ne vois pas que c'est une plaisanterie.

L'ESTOMAC. — Une plaisanterie, de l'alcool enflammé!

LE PUNCH. — Eh oui! un pari... Ne dirait-on point que tu n'as jamais assisté à pareille fête?

L'ESTOMAC, *se tordant*. — Éteignez! éteignez!

LE PUNCH. — Sens-tu l'odeur de cette poignée de noisettes qu'ils ont jetées dans mes flots?

L'ESTOMAC. — Bourreau!

LE PUNCH, *riant*. — Ah! ah! ils ont soufflé toutes les bougies; ils ressemblent à des romantiques attardés dans un cadre de Louis Boulanger. — Ah! ah!

L'ESTOMAC. — Je me ressentirai longtemps de cette secousse. Par l'ombre du sage magistrat Brillat-Savarin! je me croyais à l'abri de ces folies d'adolescent. — Respirons.

UN VERRE DE BISCHOF. — Glou, glou, glou.

L'ESTOMAC. — Qu'est-ce que cela encore?

LE BISCHOF. — Ne t'occupe de rien, je viens t'assurer contre l'incendie.

L'ESTOMAC. — Dis-tu vrai? Entre alors, et sois le bien reçu. Oui, tu apportes avec toi la fraîcheur et le bien-être. (*Avec éclat.*) Mais tu es le vin blanc!

LE BISCHOF, *nonchalamment.* — Oh! avec un mélange d'ananas et de sucre... tout ce qu'il y a de plus inoffensif.

L'ESTOMAC. — Voilà leur éternel refrain! (*Abattu.*) Faites de moi ce que vous voudrez à présent. Torturez votre victime. Je suis résigné.

CHŒUR DES CANETTES, *dans le lointain.* — Est-il devenu plus raisonnable?

LE BISCHOF. — Je crois que oui.

UNE CHOPE D'ALE *se hasardant.* — Allons-y, dans ce cas.

L'ESTOMAC, *révolté.* — De la bière, jamais!

LA CHOPE. — Cependant...

L'ESTOMAC, *au comble de l'exaspération.* — Jamais! entendez-vous! Tout, mais pas de la bière!

LA CHOPE. — Mon petit, c'est de l'excellente ale : Barclay-Perkins tout pur...

L'ESTOMAC, *beau comme l'antique.* — Sortez!

ÉPILOGUE

Même décor. — Deux heures du matin.

LE THÉ, *à demi-voix.* — Me voici!

L'ESTOMAC. — Toi, mon cher et vieux camarade! Toi, le compagnon de ma jeunesse, le conseiller de mon âge mûr! l'ami de toute ma vie! Oh! merci de t'être souvenu.

LE THÉ. — Silence! — Avale et ne dis rien.

L'ESTOMAC. — Sauvé!

LA

DERNIÈRE PENSÉE DE BARBASTOUL

I

Barbastoul est seul. Il est censé relire à haute voix ce qu'il vient d'écrire.

C'est moi que ze fais mon testament.

Moi, Pamphile-Marius Barbastoul, de Marrrseille, le fils à Léonard-Ferréol-Zéphirin Barbastoul, aussi de Marrrseille, et à Mionne-Anne Noguès, —sa femmo lézitime, z'ose le dire.

Quand on lira cette petite broçure, ze ne serai plus en vie. Z'aurai fait *couic*.

Autrement dit, z'aurai été exécuter un plonzeon dans le pays aux dorades, et le zenre humain il s'écriera : — Z'ai perdu Barbastoul !

Mais coumo ze ne veux pas çagriner les habitués du *Café Alzérien*, qui l'ont l'habitude de me voir tous les soirs depuis des vingt ans, z'ai imaziné une çose : — Ze ferai la frime de me noyer en pêçant à la ligne.

Ze crois que mon idée, il est forte !

Quant à ceusse-là qui me demanderont pourquoi qu'est-ce que ze me détruis, ze te leur dirai — que mon essistence elle n'a zamais été qu'un tissu d'embêtements.

Mon père (que sa mémoire elle soit bénie !) était un coçon et un butor. Il tapait sur moi à se démancer le coude. Un zour qu'il m'avait dessiré le fond de ma culotte avec son soulier, ze lui dis en pleurant : — Mais mon père, ze ne te vous ai rien fait ! Il me répondit : — Zuze doncques si tu m'avais fait quéque çoze !

Ma mère, elle était plus brave femme, écepté qu'elle buvait toute la zournée, mais c'était pour faire aller le commerce. Elle avait le couraze de dire à mon père : — Pourquoi tu frappes touzours ce bagasson d'enfant? Ze te défends d'y toucer; tu sais bien qu'il n'est pas à toi.

Ces bonnes zens, pauvres coumo le grand Zob de la Mytholozie, ils ont oublié de me donner de l'instrussion. I disaient que c'était trop cer, et que c'était bon pour les savantasses. — Ze ne leur en veux pas, mais que *le troun de l'air les cure!* Ce n'est pas leur faute si Pamphile Barbastoul, il n'a pas été une fiçue bête.

A douze ans, z'étais embarqué coumo mousso à bord

du *Paul-Émilo*, qu'il était un grand couquinas de trois mâts, commandé par le capitaine Bergoumioux. C'est là que z'ai appris à éplucer les légumes et à faire un peu de la cuisine; et si ze ne suis pas devenu un grand navigatur coumo Christophe et Colomb, c'est que c'est ze me suis dégoûté trop vite des coups de garcette. Eh donc!

Aussi, ce te fut un beau zour pour moi lorsque, après dix-huit mois de tempêtes et de branle-bas, z'entendis le capitaine Bergoumioux qu'il disait à un hommo de l'équipaze : — Zette la sonde; que touçons-nous? L'hommo il répondit : — Fond de rocers. — C'és pas ça, qui dit le capitaine. — Un moment après : — Zette la sonde. L'hommo il la zette. — Fond de sable, qui dit. Le capitaine Bergoumioux il se promenait de long en larze. — Zette encore; que touçons-nous? — Fond de m..... — Bagasse! nous sommes à Marrrseille, qui dit le capitaine.

Mon cœur, il sautait de zoie!

II

Pour lors, voici que mon oncle Noguès, le maître portefaix, il se décède en me laissant une trentaine de mille francs.

Ze m'acète des boucles de l'oreille neuves, et ze rencontre le zeune moussu de La Vertepillère, le neveu au fameux La Vertepillère, dont il est question dans l'histoire, l'ami au premier consul[1]. I me dit, en me saluant très-poliment : — Z'allais cez vous, Barbastoul, pour vous féliciter de votre héritaze. Ze lui dis, pour ne pas rester en reste de politesse : — Il ne fallait pas vous déranzer pour cela, moussu de La Vertepillère; peut-on vous offrir quéque çose?

Il assepte l'assinthe, et nous voilà à causer comme une paire d'amis.

I me dit : — A présent que vous êtes rice, Barbastoul, qu'est-ce que vous allez faire de votre arzent? — Tê! ze vais le garder, moussu de La Vertepillère. — Il faut vous lancer dans le commerce, qu'il continue; z'ai zustement une affaire superbe à vous proposer.— Vous me faites bien de l'honneur, moussu de La Vertepillère,

[1] La légende de M. de La Vertepillère est extrêmement populaire. C'est le Cadet Roussel de Marseille. Elle remonte au Directoire; en voici quelques traits : « Z'étais venu à Paris pour épurer des huiles... tranquillement... lorsque ze rencontre dans la rue un petit hommo, en redingote grise, zaune comme un pain d'épice. C'était le premier consul. Il m'accoste et dit : — Tê! La Vertepillère! qu'est-ce tu fais ici, mon bon? — Eh! ze suis venu à Paris pour épurer des huiles... tranquillement... » Le premier consul emmène M. de La Vertepillère chez lui et le fait déjeuner. Il lui propose de partir avec l'expédition d'Égypte. « Et mes huiles, objecte La Vertepillère. — Eh bê! tes huiles, tu les épureras aussi bien en Ézypte qu'à Paris... tranquillement. »

La tradition fait voyager M. de La Vertepillère un peu partout, en Égypte, en Italie, en Espagne. Et toujours il se trouve quelqu'un sur son passage pour s'écrier : « Tê! La Vertepillère! » C'est un cadre élastique auquel chaque conteur ajoute une touche, une anecdote. C. M.

mais ze ne comprends rien aux ciffres. — I n'y a pas besoin de comprendre, qui dit ; ze me çarze de tout ; vous ne ferez rien et nous partazerons les bénéfices. — Ah ! coumo cela, que ze dis, ze suis votre hommo ; qu'est-ce que c'est que cés affaires ? — Cés une invention sublime. — Ze n'en doute pas, moussu de La Vertepillère. — Vous savez, Barbastoul, que tout il se fait auzourd'hui par le gaz. — Z'ai entendu parler de ça, que ze lui réponds. — Ze prévois que, dans quéque temps, on ne fera plus de portraits à l'huile ; ze veux faire des portraits au gaz.— Au gaz, moussu de La Vertepillère ! — Sans doute, Barbastoul ; vous allez me donner dix mille francs pour aller cercer le brevet à Parisss.

Couvasso ! ze lui lâçai les dix mille francs.

Le zeune moussu de La Vertepillère il resta trois mois à Parisss; quante il s'en revint i me dit : — Cés des imbécilles; ils ont refusé le brevet. — Et mes dix mille francs? que ze l'interroze. — Soyez tranquille, Barbastoul, vos dix mille francs ils sont en sûreté ; ils sont en dépôt cez le gouvernement, qui vous les rendra dans un an et un zour. Ze me rassure, et ze lui dis : — Le gouvernement, il est bien oblizeant, et vous aussi, moussu de La Vertepillère; mais vous vous êtes esguinté pour moi ; ze n'entends pas ça ; vous allez me dire qu'est-ce que c'est que ze vous dois. — Nous coserons de ça une autré fois, mon cer Barbastoul, qu'il me fait, en me donnant une pougnée de main.

Huit zours après, un matin qu'il pleuvait à verse, un vrai temps de cien, il s'en vient cez moi, d'un air tout estraordinaire, et il me dit : — Z'ai eu un sonze cette nuit; z'ai vu le grand La Vertepillère, mon oncle; il m'a dit : « Mon neveu, va-t'en trouver Barbastoul; ze porte beaucoup d'intérêt à cés aimable garçon; ze veux faire sa fortune et la tienno. »

Moi, ze pensais touzours au gaz, et ze lui dis : — Le brevet, il est donc arrivé? — Cés pas ça, qu'il me dit; cés autre çose. — Quésaco ? — Parlez plus bas, Barbastoul, on pourrait nous entendre. — Ne craignez rien, que ze fais, la porte elle est fermée; allez touzours. — Ze viens d'inventer le beau temps. — Vous, moussu de La Vertepillère? que ze lui dis en badinant, on ne s'en apercevrait guère.— Çut! qu'il me fait, et entendez-moi bien, Barbastoul. Est-ce vous savez d'où vient la pluie? — Elle vient d'en haut, que ze réponds. — Sans doute, qui dit, mais elle est formée par les nuazes; ce qui fait que quante on çasse les nuazes, on çasse la pluie — Bon, ze lui dis, mais comment çasser les nuazes? — On tire le canon dessus.

Ze te le toisai, croyant qu'il se fiçait de moi; mais le zeune moussu de La Vertepillère, il n'y faisait pas attention : — Exemple! vous voyez le matin un petit nuaze de rien du tout qui se faufile dans le firmament; vous lui dites : « Très-bien, mon bonhomme, ze te vois, attends un moment, ze vas revenir. » Puis vous faites r ansporter votre canon dessus le haut d'une grande maison, et quante le nuaze il veut passer... pan! boum! boum!... il est pulvérisé; pas plus de nuaze que dessus la main. Eh bé! Barbastoul, mon bon, z'espère que c'és assez prodizieux, ça... Vous allez me donner dix mille francs pour aceter du canon.

Pécaïre! — les dix mille francs de l'invention du beau temps, ils s'en sont été rezoindre les dix mille francs des portraits au gaz.

Et dire que ze n'ai pas pu me payer le plaisir de casser le zeune moussu de La Vertepillère, parce qu'il m'a zoué le mauvais tour d'aller se faire embrocer à Cahors par le terrible Espitalier!

III

Encore, si z'avais été hureux en amour! mais va te promener. Touzours la même çance!

Z'aimais la Zoséphine, — qui était la belle fille que vous avez pu connaîtro, parce qu'elle était la première des premières au grandissime théâtro de Marrrseille. La Zoséphine zouait les dugazons, qu'on appelle. Moi, ze ne m'y connais pas, et ze me fice de la musique comme de la cuisine au beurre. — Mais la Zoséphine, c'était autre çose. Elle çantait mieux qu'Espinasse, zuzez!

Quante ze la vis, dans ze ne sais plus quelle bamboce où il y a des Turcs, ze me dis : — Barbastoul, tu es pincé !

Z'allai cercer Cazenavette à son café, parce que Cazenavette, c'es un homme de bon conseil et qui a touzours du beau linze. Ze lui dis : — Comment tu t'y prendrais, toi, pour faire la cour à la Zoséphine? — Comment ze m'y prendrais, moi? qui dit. — Oui. — C'est pas difficile, mon cer; ze lui ferais des cadeaux. — Des cadeaux? qu'est-ce cette bête? ze lui dis. — C'est pas une bête, qui dit; c'est des boucles de l'oreille, des mouçoirs brodés et des çâles. — Des çâles? tu plaisantes, Cazenavette? — Ze ne voudrais pas plaisanter avec un ami comme toi, qui dit. — Est-ce qu'un bon dîner, il ne serait pas la même çose? — Un bon dîner, il n'a zamais rien gâté, qui répond Cazenavette ; et ze va tout de suite en commander un pour trois personnes.

Ze l'arrête par son bras.

— Trois personnes? que ze lui dit. — Eh oui! puisque ze vas inviter de ta part la Zoséphine. — C'est zuste, ze lui dis. Et te voilà mon Cazenavette qui file comme une flèce. Il revient au bout d'un quart d'heure tout seul. Il me dit : — Allons nous mettre à table. — Eh bé ! et la Zoséphine? ze lui demande. — La Zoséphine, elle n'a pas voulu venir; mais qu'est-ce que ça fait? nous allons manger le dîner tous les deux.

Le dîner fini, Cazenavette il me dit : — Qu'est-ce

que ze t'avais dit, que ce n'était pas coumo ça qu'on prenait les femmes? qu'il faut des cadeaux, tu entends? — Où ça se prend, les cadeaux? — Ça se prend cez la bizoutière de la Canebière, cez madame Aubarède.

Nous allons cez la madame Aubarède, qu'elle était de mauvaise humeur, parce que son hommo il te l'avait battue le matin. Ze lui dis, en tirant mon çapeau : — Madame, voulez-vous me vendre des cadeaux? Elle me dit : — Ze le veux sans le vouloir. — Madame, ze lui réponds, ze vous parle avec politesse, et z'ai lieu de m'étonner de ma surprise, venant d'un sece comme le vôtre. Aprés que ze te lui ai collé ça dans la main, elle me fait voir un tas de petites fiçaises. Ze lui dis : — Montrez-moi aute çose. Elle va cercer, dans la vitrine, des pierres. Ze lui dis : — Montrez-moi aute çose. Elle me fait voir des diamants et des bagues. Ze lui dis : — Montrez-moi aute çose. Alors, la madame, elle me dit toute rouze de colère : — Vous allez me passer la porte, polisson, ou z'appelle la garde!

Dedans la rue, ze demande à Cazenavette : — Qu'est c'est que ze lui ai donc dit, et pourquoi qu'elle se fâce? — Ze ne sais pas; cès une folle, répond Cazenavette; allons cez une autre, *zou!* Nous y allons. Z'acète pour quatre cents francs de cadeaux, et ze paye, pendant que Cazenavette il met les cadeaux dedans sa poce. Ze lui dis : — Pourquoi tu mets les cadeaux dedans ta poce? Il me dit : — Il faut bien que ze mette les cadeaux dedans ma poce, puisque ze vas les porter de ta part à la Zoséphine. — C'est zuste, ze dis.

Nous nous en allons ensemble à la porte des atteurs et des attrices. Cazenavette il me dit : — Attends-moi, ze monte une minute dans sa loze. Ze l'attends deux grandes heures. Il me dit : — Z'ai vu la Zoséphine, elle est ençantée et elle te remercie. — Z'en suis très-aflatté, que ze réponds. — Mais elle n'a pas eu le temps de me coser, elle m'a dit de revenir cez elle après le spétaque. — Eh bé ! et moi? — Toi, tu l'es trop inflammé, mon cer, tu gâterais tout dans une première entrevue; rentre tranquillement cez toi, ze te raconterai demain matin ce qui se sera passé.

Le lendemain, Cazenavette il arrive de bonne heure. — Eh bé? ze lui demande. — Elle t'adore, qui dit Cazenavette; mais elle veut une broce. — Qu'est çà, une broce? — Cés un petit maçin en quéque çose de précieux qui s'agrafe dessus l'estomac. — Va pour la broce, ze dis.

Z'avais mon plan. Ze lâce mon Cazenavette en te l'envoyant aux allées de Meillan, et ze tire de l'autre côté. Z'acète la broce, et ze me fais annoncer cez la Zoséphine, qu'elle se faisait coiffer par le merlan du théâtro. Ze lui dis, la bouce en cœur : — Bonzour, mon anze. Elle me dit : — D'où que vous sortez, l'ami ? — Voici la broce, que ze fais. — Ah! très-bien, que vous venez de la part de mon cer amant le Cazenavette; coumo va-t-il depuis ce matin, ce céri, ce fifi?

IV

Les médecins i m'avaient conseillé un petit voyaze afin de me distraire. Zustement, Lagarrigue que ze rencontre sur le port, il me tape sur l'épaulo : — Te voilà, grande flème ! qui me fait; ze m'en vas à Parisss. — Tu t'en vas à Parisss, Lagarrigue? — Eh oui ! mon bon; ils sont touzours à me ciller le dos avec leur Parisss; i faut voir ce que c'est; ça en vaut peut-être la peine, on ne sait pas. — Tu as rezon, Lagarrigue; ze pars avec toi, tê!

En route, nous prenons Ramadié; çà faisait que nous étions troisss. Nous t'embarquons dedans le cemin de fer des provisions de çarcuiterie et des bouteilles de vin, et des bouteilles de rhum, et des couteaux, et des forcettes. Tous les voisins i se plaignaient, mais nous te les envoyons promener, les voisins. Nous arrivons à Parisss, qu'il faisait tout noir et que tous les habitants ils étaient coucés, coumo des imbéciles; nous descendons dedans un hôtel qu'il était tout près de la gare. Ils appellent ça un hôtel, que ça fait suer! Au petit zour, Lagarrigue i se lève le premier et i me vient réveiller. — Eh bé ! qué que tu penses de leur Parisss? qu'i me dit.— Ce n'est pas quéque çose de si magnifique, que ze réponds. — Et que ça ne vaut pas Marrrseille encore ! il azoute Lagarrigue. — Allons voir Ramadié, que ze propose.

Ramadié i ronflait dedans son lit, comme une grosse horloze; ze te lui donne un coup de poing et ze lui dis : — Esse que tu t'amuses, toi, à Parisss ? — Moi, qu'il fait, ze m'embête comme tout. — Moi, ze ne veux pas défaire ma malle, qu'i dit Lagarrigue. — Moi, non plus. — Eh bé ! retournons à Marrrseille, que ze dis.

Et nous retournons à Marrrseille.

Leur Parisss, quéque çose de propre !

Depuis ce voyaze, ze n'ai revu qu'une seule fois Lagarrigue et Ramadié. C'était il y a quinze zours. Ils allaient dîner à la Réserve. — Veux-tu venir avec nous ? qu'ils me disent. — Non, que ze réponds tristement. — Eh ! viens, Barbastoul, nous çanterons, nous boirons, nous ferons la vie ! — Ze ne peux pas, que ze te leur répète. — Et pourquoi ? — Parce que ze n'ai pas le sou. — Eh ! viens tout de même, qu'ils disent ; tu ne dîneras pas !

La vie, elle m'est à çarze, et celui qu'il voudrait m'empêcer de piquer ma dernière tête, ze te lui dirais : — Connais-tu la Méduse ?

Adiou, mes pichouns !

Il est inutile de cercer de l'arzent dedans ma çambre; ze l'ai tout manzé.

On ne trouvera cez moi que ma grosse montre accrocée à mon clou de ma ceminée. Ze la donne en souvenir au petit Delpech, qu'il est le cien du commissaire, ou, pour m'esprimer plus poliment, son commis. Le petit Delpech il a été mon seul ami dans ces derniers temps...

Mais aussi il peut se vanter que ze te lui laisse une fière montre, quoiqu'elle soit en arzent; — elle te fait son heure en quarante minutes!

Si l'on retrouve mon corps, ze désire qu'on mette dessus ma tombe ces mots tout seuls :

« Pauvre Barbastoul! »

LES DÉSERTEURS DE LA TRAGÉDIE

PERSONNAGES :

M. F. PONSARD, } tragiques en rupture de songe.
M. LATOUR (SAINT-YBARS), }
M. LAMBERT THIBOUST, vaudevilliste.

(La scène est à Paris, chez M. Lambert Thiboust.)

SCÈNE PREMIÈRE

M. LAMBERT THIBOUST, M. PONSARD.

UN VALET DE CHAMBRE, *annonçant.* — Monsieur Ponsard !

M. LAMBERT THIBOUST. — Pas possible ! (*Se levant.*) Que bénis soient les dieux qui m'envoient un pareil hôte ! Mon humble toit va se changer en temple.

M. PONSARD. — C'est bien, c'est bien, ma vieille.

M. LAMBERT THIBOUST, *à part.* — Sa vieille? (*Inquiet.*) Est-ce à monsieur Ponsard... Francis ou François Ponsard... que j'ai l'honneur de parler?

M. PONSARD. — Allons, ne me faites pas poser.

M. LAMBERT THIBOUST, *insistant.* — L'auteur de *Lucrèce* et d'*Agnès de Méranie?*

M. PONSARD. — Eh non! mon cher bon, mon excellent bon, — l'auteur de *Ce qui plaît aux Dames.*

M. LAMBERT THIBOUST, *avec un sourire.* — Une infidélité à Melpomène.

M. PONSARD. — Melpomène... Philomèle... n'allez-vous pas finir? Quand je vous dis que j'ai dépouillé le vieil homme!

M. LAMBERT THIBOUST. — Avez-vous vendu sa peau, au moins?

M. PONSARD. — Ah! c'est un mot! — Peau de l'ours, n'est-ce pas? — Têtebleu! vous êtes délectable, mon cher!... Eh bien! c'est justement pour faire des mots que je viens vous trouver. Vous vous y entendez, je le sais; vous avez le truc, comme on dit au café des Variétés. Il faut que nous fassions quelque chose ensemble!

M. LAMBERT THIBOUST, *épouvanté.* — Une tragédie!

M. PONSARD. — Là, là, qui diable vous parle de tragédie? La tragédie est coulée, mon bon. C'est une affaire réglée. — Asseyons-nous sur Agamemnon et n'en parlons plus.

M. LAMBERT THIBOUST. — Asseyons-nous sur Agamemnon, je le veux bien.

M. PONSARD. — C'est un vaudeville que je viens vous proposer, une pochade, quelque chose de *rigolo*.

M. LAMBERT THIBOUST, *stupéfait*. — Rigolo!

M. PONSARD. — Vous comprenez, pas vrai? — Depuis mon prodigieux succès chez Lurine, tous les directeurs veulent avoir des petites machines de moi. Les Cogniard entre autres, et puis Tom Harel, des Folies. Il y a aussi M. Gil Pérès qui est venu avant-hier me demander un rôle.

M. LAMBERT THIBOUST. — Gil Pérès est allé chez vous?

M. PONSARD. — Oui, avec M. Hyacinthe; ce sont deux bien dignes jeunes gens.

M. LAMBERT THIBOUST, *à part*. — O ma tête! ma tête!

M. PONSARD. — J'ai l'idée que nous trouverons de bonnes balançoires. — Moi, d'abord, je suis un Gaulois, vous savez; je ne recule pas devant la plaisanterie un peu salée. Rappelez-vous mes cochons, dans *Ulysse*. — Vous me donnerez à traiter les situations égrillardes, les personnages excentriques. Hein! vous avez vu, dans le premier acte de ma féerie, comme j'entends le grotesque. Riait-on assez du monsieur représenté par Saint-Germain! — J'avais trouvé cette cascade-là tout seul, pourtant. — Ah çà! quand nous mettons-nous en besogne?

UN VALET DE CHAMBRE, *entrant, une carte à la main*. — Monsieur...

M. LAMBERT THIBOUST. — Qu'y a-t-il, Jean?

LE VALET DE CHAMBRE. — C'est quelqu'un qui voudrait parler à monsieur

M. LAMBERT THIBOUST, *jetant les yeux sur la carte et aissant échapper un mouvement de surprise.* — Bah!

M. PONSARD. — Je vous dérange peut-être, mon cher bon?

M. LAMBERT THIBOUST. — Pas du tout; entrez seulement dans ce cabinet, — à droite du spectateur. — C'est votre éducation qui commence.

M. PONSARD. — Dans le cabinet, à droite... c'est charmant! — Puis-je écouter?

M. LAMBERT THIBOUST. — Parbleu!

SCÈNE II

LES MÊMES, M. LATOUR (SAINT-YBARS).

M. LATOUR SAINT-YBARS, *entrant d'un air mystérieux; à part.* — Il est seul. (*Haut.*) Vous êtes bien monsieur Lambert Thiboust?

M. LAMBERT THIBOUST. — Oui, monsieur; et vous, monsieur Lat...

M. LATOUR (SAINT-YBARS). — Chut! parlons bas; on pourrait surprendre notre conversation. Vous devez savoir ce qui m'est arrivé, en compagnie d'un journaliste, devant la fontaine de la place Louvois?

M. LAMBERT THIBOUST. — J'en ai eu quelque vent.

M. PONSARD, *entr'ouvrant la porte du cabinet.* — Ah! mon Dieu! c'est Saint-Latour! Qu'est-ce qu'il vient faire ici?

M. LATOUR (SAINT-YBARS). — Ma vie est semée d'embûches; on veut m'arrêter dans ma carrière. Mais je serai plus fort que mes ennemis, — voyez-vous, ma vieille!

LAMBERT THIBOUST, *à part.* — Lui aussi!

M. LATOUR (SAINT-YBARS). — On veut me fermer le chemin de la comédie; soit, je prendrai le sentier du vaudeville.

M. LAMBERT THIBOUST. — Très-jolie image!

M. LATOUR (SAINT-YBARS). — A propos de jolie image, avez-vous vu ma petite *Folle?*

M. LAMBERT THIBOUST. — Quelle petite folle?

M. LATOUR (SAINT-YBARS). — La *Folle du logis*, au Gymnase.

M. LAMBERT THIBOUST. — J'en ai eu quelque vent.

M. PONSARD, *entr'ouvrant la porte du cabinet.* — Lambert se répète... mais c'est un moyen d'hilarité. Surprenons les secrets de la rampe.

M. LATOUR (SAINT-YBARS). — Eh bien! plus de *Folle du logis;* ils l'ont supprimée, mon petit!

M. LAMBERT THIBOUST. — Et les dieux n'ont pas tonné? Jupin n'a pas saisi ses carreaux?

M. LATOUR (SAINT-YBARS). — Ah! les dieux! — A Chaillot, les dieux! (*M. Lambert Thiboust s'incline.*) Je ne crois plus à l'Olympe. Je ne crois qu'au théâtre du Palais-Royal. J'y étais hier encore.

M. LAMBERT THIBOUST. — En catimini?

M. LATOUR (SAINT-YBARS). — On jouait vos *Mémoires de Mimi Bamboche*. C'est déplorable, mais cela m'est égal. J'ai juré d'en faire autant, — cela ne doit pas être difficile. Chez nous, à Saint-Ybars, nous avions autrefois une société d'amateurs qui s'amusaient à faire des vaudevilles. On se mettait cinq ou six autour d'un bol de punch, et quand le punch était fini, il fallait que le vaudeville fût terminé.

M. LAMBERT THIBOUST. — Oui, c'est la vieille manière. Nous ne serons pas cinq ou six, mais nous serons trois, si vous le permettez ; vous, moi et...

M. LATOUR (SAINT-YBARS). — Je sais... Un confiseur avec lequel vous travaillez habituellement.

M. LAMBERT THIBOUST, *souriant*. — Ce ne sera pas, cette fois, le confiseur. — Notre nouveau collaborateur est là ; (*il indique le cabinet*) il pioche.

M. PONSARD, *refermant vivement la porte du cabinet*. — Qu'est-ce qu'il dit donc?

M. LATOUR (SAINT-YBARS). — Ah ! il est là? — Soyez tranquille, s'il pioche, je bûcherai, moi. Je suis du Midi, comme Bardou et Granier de Cassagnac.

LE VALET DE CHAMBRE, *entrant*. — Une lettre pour monsieur.

M. LAMBERT THIBOUST. — Donne. (*A M. Latour (Saint-Ybars.)*) Vous permettez?

M. LATOUR (SAINT-YBARS). — Comment donc! Il me tarde de donner l'essor à ma verve désopilante. (*Il parcourt la chambre en fredonnant.*)

M. LAMBERT THIBOUST, *regardant la signature.* — De M. Viennet! — Il m'avertit de sa visite. Je la trouve forte, celle-là. (*A M. Latour (Saint-Ybars).* Entrez, s'il vous plaît, dans ce cabinet, — à gauche du spectateur. — Je vous enverrai dans quelques instants votre part de travail.

M. LATOUR (SAINT-YBARS). — Déjà? Surtout ne me confiez que des scènes de la plus stricte décence. Je suis enjoué, mais chaste. (*Il entre dans le cabinet.*)

M. LAMBERT THIBOUST. — Soyez tranquille. Justement votre collègue a réclamé pour lui les scènes de badinage.

M. LATOUR (SAINT-YBARS), *rouvrant la porte du cabinet.* — Coucou!

M. LAMBERT THIBOUST. — Ah! farceur! Très-bien. Vous êtes dans l'esprit de votre état. Vous me rappelez Sainville,— avec de la barbe. (*M. Latour (Saint-Ybars) referme la porte du cabinet.*)

SCÈNE III

M. LAMBERT THIBOUST, seul.

Lisons la lettre de M. Viennet. « Mon jeune confrère

en Apollon... » Hum! si Théodore Barrière voyait cela ! « Vous serez peut-être surpris de la démarche qui m'est inspirée aujourd'hui par Erato, la plus légère de nos neuf Muses. Je me laisse entraîner par la contagion, je cède au torrent; et puisque la mode est plus que jamais à ce genre frivole qu'Olivier Basselin importa parmi nous, je consens à venir brûler un grain d'encens sur l'autel du Vau de Vire. » (*Il va se regarder dans la glace.*) Quelle hallucination! Je me suis senti croître dans le dos une petite queue poudrée! Continuons. — « Pégase vous apportera une production badine enfantée par mon cerveau dans quelques veilles; je ne la crois pas tout à fait indigne du suffrage des vieux habitués du parterre... » Ah oui! les vieux habitués du parterre! Et le coin de la Reine aussi! « Je l'ai intitulée : *Un Doux Larcin, ou Zélie et Florval;* la gaieté de bon goût et les traits de satire que je me flatte d'y avoir semés vous rappelleront les esquisses de Picard et de Dieulafoy. Il y a un rôle pour Odry... » (*S'interrompant.*) Odry? On ne lit donc pas les articles-*Décès* à l'Académie française? — « Si par hasard Odry était retiré du théâtre, vous pourriez aller trouver Perlet; il m'a quelques obligations, et je suis convaincu qu'il se chargerait avec plaisir du personnage de Florval, qui offre un heureux mélange de balourdise et de sensibilité. Enfin, mon jeune confrère, je vous recommande ce nourrisson, et je vous offre d'en partager la paternité avec moi. Je n'y mets qu'une condition, c'est de me permettre de ne le signer que du pseudonyme d'*un Ermite* ou d'*un Vieux Solitaire*. J'aurai l'avantage de venir causer plus longuement avec vous de cette affaire, entre chien et loup. En attendant, permettez-moi de me dire, avec la plus parfaite, etc., etc., etc. » La place n'est plus tenable! Trois tragiques sur les bras! et rien que deux cabinets. (*Il sonne.*) Jean!

LE VALET DE CHAMBRE, *entrant.* — Monsieur a appelé?

M. LAMBERT THIBOUST. — Jean, je suis forcé de sortir. Écoute bien mes instructions. Il va venir tout à l'heure un vieux monsieur, en douillette de soie probablement. Tu l'aboucheras avec les deux personnes qui sont dans les cabinets...

LE VALET DE CHAMBRE. — Oui, monsieur?

M. LAMBERT THIBOUST. — Et tu les engageras à travailler tous les trois sur ce titre que je leur livre. (*Il trace sur une grande feuille de papier ces mots :* LES DÉSERTEURS DE LA TRAGÉDIE, vaudeville.)

LE VALET DE CHAMBRE. — Est-ce tout, monsieur?

M. LAMBERT THIBOUST. — Je pars pour quinze jours, Jean. Tu mettras quelques couplets et quelques *ensemble* à mes dernières pièces, afin qu'elles ne ressemblent pas trop à des comédies. Le ministère d'État est si sévère! — Adieu. (*Il va pour sortir.*)

LE VALET DE CHAMBRE. — Ah! monsieur, j'oubliais...

M. LAMBERT THIBOUST. — Quoi donc?

LE VALET DE CHAMBRE. — Il est venu une quatrième

personne pour travailler avec monsieur, d'après ce qu'elle m'a dit.

M. LAMBERT THIBOUST. — Son nom?

LE VALET DE CHAMBRE. — M. Ernest Legouvé.

CE QUI N'ARRIVE JAMAIS

I

LA PETITE POSTE

Une mansarde; un poëte; le soleil.

LE SOLEIL. — Allons! debout, paresseux!

LE POËTE. — Je rêvais que j'étais Alain Chartier, et qu'une princesse m'embrassait sur la bouche. De la fatuité jusque dans mon sommeil! — Si pour me réveiller je chantais un couplet de Scribe? Non; plongeons-nous plutôt la tête dans l'eau froide. (*On sonne.*) Bon! voilà le commencement.

LE CONCIERGE, *entrant*. — Monsieur, c'est votre courrier. (*Il dépose des lettres sur une table.*)

LE POËTE. — Il vous manque le plateau d'argent, père Mathias.

LE CONCIERGE. — On n'est pas parfait, monsieur, surtout dans un état aussi décrié que le nôtre. (*Il se tient dans une attitude parente de la modestie.*)

LE POËTE, *décachetant une lettre.* — Qu'est-ce qu'on peut me vouloir? Tiens! c'est de Renaud, un revenant. Lisons.

« Mon ami,

« Il y a cinq ans, le 14 février, à onze heures un quart du matin, dans la rue Neuve-Saint-Marc, tu as eu l'aménité de me prêter un louis, dont j'avais le plus grand besoin. Je m'en suis toujours souvenu; et aujourd'hui j'ai le plaisir de te renvoyer cette somme en timbres-poste, avec mes remerciments les plus empressés... » — Les plus empressés? Il a de l'aplomb.

LE CONCIERGE. — Voilà un beau trait, monsieur.

LE POËTE. — Je ne chercherai pas à en disconvenir. Aimez-vous les timbres-poste, père Mathias?

LE CONCIERGE. — Heu!... comme taffetas d'Angleterre, pour les coupures seulement.

LE POËTE. — Eh bien! quand vous vous couperez, montez chez moi.

LE CONCIERGE. — Eh! monsieur, vous savez bien que c'est demain le jour du terme et que vous avez reçu congé. La parole est impuissante pour rendre la peine que j'en éprouve.

LE POËTE. — Ce n'est pourtant pas pour ce que je vous donnais, père Mathias! Vous n'avez guère à vous louer de mon faste.

LE CONCIERGE. — Vous ne me donniez rien, c'est vrai. (*Il s'attendrit.*) Mais vous aviez une manière à vous de ne me rien donner, qui m'allait au cœur. Vous rentriez fort tard, surtout les nuits de première représentation à l Odéon; mais en rentrant vous me racontiez quelquefois la pièce. Ces souvenirs attachent, voyez-vous. Aussi, je suis navré de vous voir quitter la maison. Pour trois misérables termes! — Ah! si vous aviez seulement consenti à faire une petite visite au propriétaire, tout se serait arrangé peut-être...

LE POÈTE. — Jamais. Je lui abandonne les trois termes que je lui dois; c'est la seule concession à laquelle il me soit possible de descendre. N'en parlons plus. — Y a-t-il autre chose pour moi?

LE CONCIERGE, *avec hésitation.* — Ce papier, apporté par un homme en habit à la française et en chapeau à deux cornes.

LE POÈTE. — Voyons. (*Il prend le papier dont nous reproduisons ici la physionomie.*)

BANQUE DE FRANCE

Vous êtes invité à venir payer à la Banque, aujourd'hui de 4 à 5 heures, un Effet de 380 fr.

Bureau n° 65, au rez-de-chaussée.

Demander M. Grosbergeot.

Rapporter ce Bulletin.

6e Brigade.

LE CONCIERGE — J'ai supposé qu'il était inutile de laisser monter cet homme chez vous de si bon matin.

LE POËTE. — Vous avez bien supposé, père Mathias. Êtes-vous certain de n'avoir plus d'autre message?

LE CONCIERGE. — Ah! votre éditeur est venu lui-même hier trois fois pour chercher votre manuscrit des *Soupirs des grèves;* il prétend que la poésie est énormément demandée.

LE POËTE, *qui s'est habillé pendant ce temps.* — Voilà qui est étrange. Je cours chez lui pour me convaincre de ce fait. — Père Mathias,

> Si l'on vient pour me voir, je vais aux prisonniers
> Des aumônes que j'ai partager les deniers.

LE CONCIERGE. — Très-bien, monsieur. C'est une citation. On connaît ses classiques. *Le premier qui fut roi fut un soldat peureux... Les prêtres ne sont pas ce qu'un vain peuple pense... Ne forçons point notre talent, nous ne ferions rien avec grâce... Tu dors, Brutus!...* — (*Il essuie les meubles avec son plumeau.*)

II

L'AMOUR

Une chambre, rue La Bruyère. De la richesse et du goût, du confort et de la simplicité. Sur un tête-à-tête, une jeune femme et un homme mûr, les mains dans les mains.

ÉDOUARD. — Que tu es belle ainsi, ma Jeanne! on ne te donnerait pas plus de seize ans.

JEANNE. — J'en ai cependant trente, bien sonnés.

ÉDOUARD. — C'est impossible ; tu te calomnies, mon ange. Trente ans, toi! allons donc!

JEANNE, *allant à un coffret.* — Voilà mon acte de naissance, prends-le.

ÉDOUARD. — Tu veux que je lise?

JEANNE. — Certainement. Ne suis-je pas confiante en ton amour?

ÉDOUARD, *parcourant le papier.* — C'est pourtant vrai... j'en reste confondu. « Le trois octobre mil huit cent vingt-neuf, à deux heures de relevée... Suzanne-Pétronille-Jeanne Mautort... » Pétronille?

JEANNE. — Pétronille ; oui, mon ami; c'est un de mes noms, mais je ne le porte pas.

ÉDOUARD. — Je le crois bien, parbleu! (*Lisant.*) « Née

de Pierre-Clément Mautort, corroyeur, rue de Chabrol... » Corroyeur? Ton amie Angèle m'avait affirmé que ton père était général.

JEANNE, *riant.* — Général! je reconnais bien là les inventions d'Angèle. Pourquoi pas maréchal?

ÉDOUARD. — Que ta franchise est adorable! (*Rêveur.*) Trente ans; je ne l'aurais jamais cru. — Mais alors je n'ai guère que quelques années de plus que toi. (*Il se regarde dans la glace.*)

JEANNE. — Sans doute, mon Édouard.

ÉDOUARD. — Au fait, il me reste encore pas mal de cheveux, et je possède toutes mes dents... de devant.

JEANNE, *soupirant.* — Tu es mieux partagé que moi, chéri; car il m'en manque deux.

ÉDOUARD, *bondissant.* — Deux dents! pourquoi pas toutes... comme Pingret!

JEANNE. — Ne t'en étais-tu pas aperçu? (*Une femme de chambre entre.*) Que voulez-vous, Clémentine?

LA FEMME DE CHAMBRE. — C'est un cachemire qu'on vient d'apporter ici d'après l'ordre de monsieur. (*Elle se tourne vers Édouard.*)

JEANNE. — Encore des folies! Non, je ne veux pas de ce cachemire; le mien peut encore me faire aisément une ou deux saisons. Il faut renvoyer celui-ci au marchand.

ÉDOUARD. — Tu n'y songes pas, ma Jeanne! (*A part.*) Trente ans!

JEANNE. — Je l'exige... et si tu veux me faire bien plaisir, eh bien! nous en donnerons la valeur à cette pauvre femme du cinquième, qui vient d'accoucher.

ÉDOUARD, *l'embrassant.* — Tu es un ange! (*A part.*) Pétronille!

III

LA TOILETTE

OPÉRETTE

Un appartement de garçon; un divan.

LE TAILLEUR

Monsieur, je suis votre tailleur,
Et j'apporte, rempli de zèle,
Un habit de forme nouvelle
Qui vous fera beaucoup d'honneur.

LE CLIENT

Beaucoup d'honneur?

LE TAILLEUR

Un grand honneur.

LE CLIENT

Voyons donc, monsieur le tailleur,
Cet habit de forme nouvelle.

LE TAILLEUR

Il faut d'abord quitter ceci.
Ah! que vous êtes bien ainsi!

LE CLIENT, *avec complaisance.*

Voilà pour un homme de lettres
Une taille qui n'est pas mal.

LE TAILLEUR

Non, vraiment, elle n'est pas mal.

LE CLIENT

Je crois qu'on en voit de plus mal.

LE TAILLEUR

Vraiment, on en voit de plus mal.

LE CLIENT

Mais ce frac, songeons à le mettre [1].

LE TAILLEUR

Vous avez raison. — Votre bras!
Là... par ici, la manche droite:
Ne la trouvez-vous pas étroite?

LE CLIENT

Je ne la trouve point étroite.

LE TAILLEUR

Pourtant elle ne vous va pas.
Peste de cette manche étroite!
Ce collet?

LE CLIENT

Il est sans défaut.

LE TAILLEUR

Moi, je soutiens qu'il est trop haut.

[1] Eh bien, et l'*s*, pour rimer avec homme de *lettres?*

ENSEMBLE.

LE TAILLEUR

Cet habit est exécrable,
La forme en est pitoyable;
Le vendre serait un vol.
Il fait mal du dos, du ventre,
Il faut que cet habit rentre
A l'état de rossignol.

LE CLIENT

Cet habit est admirable,
La forme en est adorable,
Il est magistral et mol.
Il fait bien du dos, du ventre;
Sans difficulté tout entre;
Il me va comme un faux col.

LE CLIENT

C'est décidé, mon cher tailleur;
Cet elbeuf me comble de joie :
Je le conserve, il est ma proie.
Vous n'en feriez pas de meilleur.

LE TAILLEUR

Non, non, vous êtes un railleur!

LE CLIENT

Cet elbeuf me comble de joie.

LE TAILLEUR

Non, non, vous êtes un railleur!

LE CLIENT

Je le conserve, il est ma proie.
C'est décidé, mon cher tailleur.

LE TAILLEUR

Dussiez-vous m'en offrir le double,
Vous n'aurez jamais cet habit;
L'honneur m'est plus cher que le rouble.
Je le remporte, tout est dit.

LE CLIENT

Mon cher tailleur...

LE TAILLEUR

C'est inutile!
Ce vêtement manque de style.
Je ne le signerai jamais.

LE CLIENT

Jamais?

LE TAILLEUR

Jamais.

LE CLIENT

Jamais?

LE TAILLEUR

Jamais.

LE CLIENT, *abattu.*

A sa rigueur je me soumets.

ENSEMBLE.

LE TAILLEUR

J'ai de la conscience,
Et veux, projet immense,
Transformer en science
Mon métier méconnu.
Agrandissons ma sphère,
Dût, pour me satisfaire.
Le client mercenaire
Aller plaintif et nu!

LE CLIENT

Ah! quelle conscience!
Ce tailleur est immense!
Il joint à la science
Un scrupule inconnu;
Il mérite de faire
Mainte brillante affaire;
Mais, pour le satisfaire,
Faut-il que j'aille nu?

(*Le tailleur s'en va, malgré les supplications du client.*)

IV

LE TERME

Encore la mansarde du poëte. Fenêtre ouverte. Au bord de la fenêtre, un conciliabule de moineaux. Dans la chambre, des hardes éparses, des livres. Le poëte assemble des paquets.

UN MOINEAU. — Qu'est-ce que tu fais donc là, poëte?

LE POËTE. — Tu le vois, je déménage.

LE MOINEAU. — Sapristi!

LE POËTE. — Et je n'ai pas une minute à perdre; à midi, il faut que tout soit vide céans. (*Il entasse des manuscrits dans une vieille malle.*)

UN DRAME EN VERS, *se plaignant.* — Oh! là! là! le butor! j'ai mon cinquième acte tout replié.

UN ROMAN COMMENCÉ. — Ouf! on ne bouscule pas les gens de la sorte; mon héroïne doit avoir au moins le premier chapitre démis.

LE MOINEAU. — Pourquoi t'en vas-tu, poëte?

LE POËTE. — Il est bon là, le moineau! Je m'en vais parce que le propriétaire m'a donné congé.

SECOND MOINEAU, *s'immisçant dans la conversation.* — Le propriétaire, nous le connaissons : c'est la robe de chambre jaune du premier étage.

LE POËTE. — Juste. Un joli monsieur!

PREMIER MOINEAU. — Nous te regrettons, poëte ; tu n'étais pas méchant, quoique tu eusses parfois des mines effarées et que tu parlasses tout seul, avec de grands gestes ; mais tu ne nous faisais pas peur ; nous t'écoutions, et cela nous amusait. Ton successeur ne sera peut-être pas aussi drôle.

SECOND MOINEAU. — Nous regrettons également les croûtes de pain trempées dans l'eau, que tu nous jetais.

LE POËTE. — Bon, bon, cela ne vaut pas la peine de me remercier, mes petits amis. (*Une pendule sonne, pas chez le poëte, au dehors.*) Dix heures! hâtons-nous.

PREMIER MOINEAU. — Que pensera la jeune dame d'en face, lorsqu'elle ne te verra plus?

LE POËTE. — Ah! tu t'es aperçu... Moineau, mon bonhomme, vous appartenez à la police.

LA SONNETTE. — Drelin, drelin!

LE POËTE. — Oui, sonne, sonne ; c'est ta dernière heure, ma mie ; tu ne me causeras plus de tressaillements; sonne tant que tu voudras. (*Il va ouvrir et se trouve devant le concierge.*) Vous venez voir si cela s'avance, père Mathias, n'est-ce pas?

LE CONCIERGE. — Je n'ai pas la cruauté que vous me supposez, monsieur. Et cependant je dois m'avouer coupable envers vous d'un grand meschief.

LE POËTE. — Mon portier qui parle comme Rabelais, à présent! — Expliquez-vous, père Mathias.

LE CONCIERGE, *embarrassé.* — Vous savez bien ce bulletin de la Banque, que je vous ai remis hier, au sujet d'un effet de trois cent quatre-vingts francs souscrit par vous...

LE POËTE. — Aïe!

LE CONCIERGE. — Vous l'aviez oublié sur votre table; après votre départ, je m'en suis aperçu.

LE POËTE. — Bah! c'est bien possible. Fatale étourderie!

LE CONCIERGE, *un pied de rouge sur le front.* — Je m'en suis emparé, et, comme il vous invitait à aller payer avant cinq heures, j'ai pris la liberté d'aller payer à votre place. (*Vivement.*) Excusez-moi, monsieur, j'ai cru bien faire!

LE POËTE, *sévèrement.* — Vous avez remboursé ce billet?

LE CONCIERGE, *confus.* — Avec mes petites économies.

LE POËTE, *après un moment de silence.* — Monsieur Mathias, votre conduite n'a pas de nom... je pourrais me plaindre aux tribunaux, vous faire arrêter...

LE CONCIERGE. — Moi!

LE POËTE. — Comme aliéné. Mais je préfère vous élever à la hauteur d'un ami. Je vous pardonne. Mathias, tu es l'ange du cordon!

LE CONCIERGE. — Ah! monsieur! (*Il se jette sur la main du poëte et la baigne de larmes.*)

LE POËTE. — Dans mes bras! (*Il ouvre ses bras au*

concierge, qui s'y précipite. — La sonnette tinte de nouveau.) Qui vient troubler notre effusion?

LE CONCIERGE. — Je sais ce que c'est. C'est le propriétaire qui attend sur le palier.

LE POËTE. — Sur le palier... le propriétaire?

LE CONCIERGE. — Il désire instamment vous être présenté. (*Entrée respectueuse du propriétaire.*)

LE PROPRIÉTAIRE. — Monsieur, je vous supplie d'oublier un malentendu que je déplore de toutes mes forces. Votre appartement est loué, il est vrai, mais j'ai à vous offrir, aux mêmes conditions, quatre chambres au premier étage, avec balcon sur la rue et la jouissance de mon jardin.

LE CONCIERGE, *bas au poëte.* — Sa fille est charmante.

LE POËTE, *de même.* — Tais-toi, Mathias.

LE PROPRIÉTAIRE. — J'aime les lettres, monsieur, et lorsque vous voudrez bien me faire l'honneur d'assister à nos petites réunions de famille, ainsi que je l'espère, vous verrez chez moi vos œuvres complètes, reliées en maroquin et doublées en tabis. Ah! vous avez un beau talent, monsieur! Je le disais encore l'autre jour à ma femme.

LE CONCIERGE, *bas au poëte.* — Sa femme est délicieuse.

LE POËTE, *de même.* — Tais-toi, Mathias.

LE PROPRIÉTAIRE. — Vous êtes l'enchantement de nos soirées d'hiver. — A propos, avez-vous déjeuné?

LE POËTE. — Pas encore.

LE PROPRIÉTAIRE. — Comme c'est heureux !

LE POËTE, *amer*. — Vous trouvez ?

LE PROPRIÉTAIRE. — Certainement, puisque je vous invite. Allons, venez, mon jeune ami. (*Ils sortent.*)

LE CONCIERGE, *seul*. — Seigneur ! Seigneur ! vous êtes grand et miséricordieux ! (*Il essuie les meubles avec son plumeau.*)

LETTRE A MANON LESCAUT

Ma chère Manon,

Vous êtes plus que jamais à l'ordre du jour, à Paris; vous continuez à faire école; on ne rencontre à chaque pas que des jeunes filles, jolies comme vous, engageantes comme vous, et qui ne font qu'un saut du wagon provincial (le coche n'existe plus) dans le coupé parisien. Elles se font voir au bois de Boulogne avec M. de B..., à la comédie avec M. de G... M... père, au restaurant avec M. de G... M... fils, — ce qui leur laisse moins de temps qu'à vous pour demeurer cachées avec Des Grieux.

Seulement, — voyez le caprice et l'étrangeté! — depuis quelques années, et surtout depuis quelques jours, on s'arrête, on s'attroupe, on s'émeute, on s'étouffe sur le chemin de ces petites personnes. La foule, avertie je ne sais par qui, stationne régulièrement, de quatre à six heures, sur le boulevard Montmartre et sur le boulevard des Italiens, pour les voir passer en voiture, immobiles dans leurs toilettes, le visage barbouillé de blanc et de bleu, les yeux fixes, les cheveux défrisés sur le front, ce qui constitue la délicieuse coiffure dite *à la chien*. — On s'exclame de diverses façons autour d'elles : M. Cocodès applaudit tandis que M. Prudhomme se courrouce. Tout le monde est d'accord pour dételer leur carrosse ; mais ceux-ci veulent les porter en triomphe et ceux-là les pousser au ruisseau. Bref, c'est une confusion, un vacarme, qui offrent quelque chose d'assez plaisant, — je vous assure, Manon.

Ajoutez à cela qu'on les *met dans la gazette*, qu'on expose leurs portraits au coin de chaque rue. Il y a même des abbés Prévost de pacotille pour écrire leur vie avant qu'elles aient vécu. Par exemple, je ne vous donne pas ces histoires pour la fine fleur du bel esprit et du sentiment; on y parle un langage dont je me réserve de vous offrir quelques échantillons dans le cours de cette épître; on y trousse des anecdotes dans le goût de celle-ci : — « Finette a une cicatrice à la main; je puis vous en raconter l'histoire, qui est fort connue au quartier Latin. Dans une de ses excursions à la Closerie des Lilas, elle remarqua *Voyageur*, — une dame en renom de là-bas. *Voyageur* lui plut, paraît-il. En sortant de la Closerie, on va commencer la nuit chez la rôtisseuse. Finette y alla, comptant y rencontrer sa nouvelle connaissance. Irritée de ne pas la trouver, et excitée un peu par les émotions de la soirée, elle réclama *Voyageur* à grands cris, en agitant le bras droit, si bien que son poignet, s'étant baissé sur un verre, le brisa, et que les éclats lui firent une blessure profonde. Le sang coula à flots; Finette fut brave. « Elle ne prit « pas mal au cœur, » me dit une femme qui me racontait cette histoire. Elle s'enveloppa la main d'une serviette et continua même encore son geste pendant quelques minutes [1]. »

*
* *

Vous avez déjà plusieurs questions sur les lèvres, ma chère Manon. La première, naturellement, est: — Sont-elles jolies?

Ensuite : — Comment s'habillent-elles? Comment parlent-elles? Comment écrivent-elles? Comment aiment-elles? Comment s'enrichissent-elles?

Je vais essayer de répondre à toutes ces questions-là, et aussi à d'autres que vous ne me faites point.

« Sont-elles jolies? » Je le crois bien! Jolies malgré tout et en dépit de tout. Elles n'ont rien à envier sous ce rapport au dix-huitième siècle; ce sont les mêmes petites mains, les mêmes petits pieds, la même

[1] *Ces Dames.*

petite bouche. Moreau le jeune et Binet, le dessinateur de la *Paysanne pervertie*, auraient pris plaisir à retrousser ce nez, à poteler cette joue, à ourler cette oreille, à mettre une grâce là, une lutinerie ici. On n'est en droit de reprocher à leur physionomie qu'un peu de froideur voulue, reflet des importations britanniques, mais impuissant à effacer la marque parisienne.

C'est donc un premier lieu commun que de leur contester les dons du visage, — de leur refuser l'œil, la dent et le cheveu, ainsi qu'ont fait les frères de Goncourt dans leur plaquette intitulée la *Lorette*. On peut être moraliste sans être aveugle. Demandez aux Russes, aux Anglais, à tous ces princes et à tous ces millionnaires, qui ne s'enquièrent ni des distances ni des lettres de crédit pour venir passer un samedi soir au jardin Mabille, demandez-leur s'ils ne les trouvent pas agréables à souhait, d'une attraction irrésistible. L'opinion de ces honnêtes étrangers doit être comptée : leur fortune ou leur race leur a appris à s'y connaître. — Et pour quelques laiderons égarés dans la masse, pour quelques coryphées qui n'ont pas obtenu, comme Ninon de Lenclos, la permission de porter leurs rides aux talons, je ne vois pas la nécessité d'envelopper toutes ces filles d'Ève dans un mensonge universel.

Leur toilette (vous redoublez d'attention, chère amie) bien que d'ordre composite, comme notre architecture, comme notre musique, comme notre littérature, ne laisse pas d'être adorablement folle. Chapeaux trop petits ou trop grands, robes trop grandes ou trop petites, manteaux droits à la Watteau, ceintures effrontément dorées, bas de soie éternellement agaçants, tout cela, — colère des bourgeoises, envie des duchesses! — amuse extraordinairement le regard. Rien de délicieux comme le ridicule dans les modes. Encore une fois, haussons les épaules devant les grognons et les chroniqueurs de mauvaise foi.

Comment elles parlent? — Aïe! aïe! voilà peut-être leur côté faible. Celle-ci dit : des *bronequins*, et celle-là : ma robe *bleuse*. Les plus courageuses se refont une éducation à l'usage des hommes distingués et rêveurs, mais elles gardent toujours la nostalgie de l'argot, comme dans le *Mariage d'Olympe*.

*
* *

Comment écrivent-elles?

Avez-vous mémoire, ma belle enfant, de certaine lettre un peu — comment dirai-je? — un peu *sans gêne* que vous laissâtes dans votre appartement, en abandonnant pour la deuxième fois ce pauvre Des Grieux? Elle était conçue en ces termes, car, moi aussi, je l'ai retenue : — « Je te jure, mon cher chevalier, que tu es l'idole de mon cœur, et qu'il n'y a que toi au monde que je puisse aimer de la façon dont je t'aime; mais ne vois-tu pas, ma pauvre chère âme, que, dans l'état où nous sommes réduits, c'est une sotte vertu que la fidélité? Crois-tu qu'on puisse être bien tendre lorsqu'on manque de pain? La faim me causerait quelque méprise fatale; je rendrais quelque jour le dernier soupir en croyant en pousser un d'amour. Je t'adore, compte là-dessus; mais laisse-moi pour quelque temps le ménagement de notre fortune. Malheur à qui va tomber dans mes filets!... »

Cette lettre se tire tous les jours à plusieurs centaines d'exemplaires; la forme peut en varier, comme toutes les formes, mais le fond reste le même. — « *Je te jure, mon cher chevalier*... » On commence toujours par jurer, c'est de rigueur, mais on est moins laconique que vous, Manon; on jure par quelque chose ou par quelqu'un, — on jure par sa *vieille mère,* — parce que le faux drame a mis les vieilles mères à la mode. Vous me direz avec justesse qu'il y a là un manque de pudeur et une sorte de profanation. Je le sais, mais nos Manon vont vous répondre, en leur petit argot de poche, que *cela fait bien dans le paysage.* — Comprenez-vous?

« *Je te jure, mon cher chevalier, que tu es l'idole de mon cœur*... » *Idole de mon cœur* est une expression un peu surannée, un peu opéra-comique. On la remplace par *mon ange,* qui est de tous les temps, ou par un équivalent tiré du vocabulaire mignard : — *le Gaston à sa petite femme,* — mais cette dernière expression est plus particulièrement du domaine de la grisette. — « *Il n'y a que toi au monde que je puisse aimer de la façon dont je t'aime.* » C'est convenu : les femmes ne nous aiment jamais de la manière dont elles ont aimé les autres. Elles ajoutent infailliblement : — « Ce n'est qu'avec toi que j'ai ressenti ces transports, etc. » — Et puis : — « Je te dois une nouvelle existence; tu as ouvert à mon cœur et à mon esprit des horizons jusque alors inconnus. » Voyons, ne riez donc pas comme cela, Manon!

« *C'est une sotte vertu que la fidélité.* » — Oh! diable! on entoure aujourd'hui de plus de précautions oratoires l'émission de cette incontestable vérité. — « *Crois-tu qu'on puisse être bien tendre lorsqu'on manque de pain?* » Je suppose que *pain* sous-entend ici : bouchées à la reine, écrevisses à la bordelaise et vin de Champagne. — « ..... *Je rendrais quelque jour le dernier soupir en croyant en pousser un d'amour.* » Votre plaisanterie est passablement crue, mon amie; elle sent son Poquelin d'une lieue, et je conçois qu'elle ait révolté le cher chevalier. — « *Je t'adore, compte là-dessus.* » A la bonne heure! et voilà la devise éternelle! Ces mots sont à eux seuls toute une rhétorique; rien de plus éloquent n'a été prononcé depuis un siècle; *compte là-dessus* fait le fond de la langue du sentiment, bien que des commentateurs grossiers aient essayé de le faire suivre de ces mots mal intentionnés : — *Et bois de l'eau.*

« *Malheur à qui va tomber dans mes filets!* » Hélas!

hélas! mauvaise Manon, vous ne vous doutiez pas de l'écho retentissant et prolongé qu'allait éveiller votre cri de guerre! Il dure encore, — et, la nuit, des vieillards, cramponnés à leurs dernières illusions, se réveillent en sursaut, croyant l'entendre. O franchise abhorrée! O candide et parfait oubli de tout sens moral! ô projets exécrables!

J'avais donc raison de dire que votre lettre était restée le grand modèle de toutes les lettres d'amour et de perversité. Elle sert à la fois aux idiotes et aux précieuses; — mais ces dernières, toujours préoccupées de leur argot, l'embellissent, vers la fin, de quelques baisers *à la clef*.

Vous continuez à ne pas comprendre, Manon.

*
* *

« Elle appréhende la faim, grand Dieu! quelle grossièreté de sentiment, et que c'est répondre mal à ma délicatesse! »

Telle est, Manon, la naïve et douloureuse exclamation qui fut arrachée à l'ami Des Grieux par la lecture de ce billet. — Belle raison, en effet, la faim! rare et délicat motif, la crainte de ne pas manger! Comme si l'appétit pouvait être mis sur la même ligne que la passion! — Et je le vois, le pauvre chevalier, arpentant sa chambre à grands pas, haussant les épaules, froissant le papier avec colère. Il ne se doute pas, pour continuer à parler le langage à la mode, que c'est lui qui est d'*un bleu!...*

Eh! mon Dieu, oui, elles appréhendent la faim, et plus encore le travail que la faim. Le travail, c'est-à-dire la chambre à tabatière, la chaise de paille, le pot à eau, les doigts roidis, les yeux sanglants, toute la mise en scène du troisième acte de *Ce qui plaît aux femmes;* elles redoutent de *marcher sur les gencives,* — et je comprends, moi, cette crainte jusqu'à un certain point.

Voilà pourquoi elles aiment. Les plus franches l'avouent hautement. Vous reconnaissez là votre descendance, n'est-ce pas, Manon? — Mais, rassurez-vous, l'amour vrai, qui ne perd jamais ses droits, vient souvent les visiter à leur déclin, répétant avec Voltaire :

> Qui que tu sois, voici ton maître :
> Il l'est, le fut ou le doit être!

Qui que tu sois! — Et malheur à celles dont le maître s'empare à l'âge des visites chez l'épileuse! Les tristes drames et les violentes douleurs qui s'accomplissent alors dans l'alcôve inopinément purifiée! Les terribles vengeances qui se jouent au bénéfice de l'impassible Morale, — même après la *Courtisane amoureuse* de la Fontaine; même après la *Marion Delorme* de Hugo; même après la Coralie et l'Esther de Balzac!

— Si elles se sont enrichies, elles se ruinent; si elles ont fait souffrir, elles souffrent; si elles ont été de marbre, l'amour vengeur les fait de flamme et, dans leurs yeux suppliants, il allume dérisoirement l'ardeur insensée des bacchantes!

Aussi y en a-t-il qui finissent comme vous, Manon, héroïquement et chrétiennement. C'est l'exception, je le sais, mais elle est radieuse. On a dit que le ciel était plus en fête au jour de la conversion d'un pécheur qu'au jour de la mort d'un juste. Cette pensée est trop humaine pour ne pas faire sourire; — et pourtant?...

*
* *

L'aimable et cruel philosophe qui s'appelle Gavarni me paraît avoir un peu forcé les traits de leur décadence. Toutes ne balayent pas les rues, toutes ne portent pas au-devant d'elles un éventaire à poissons. — Pour cinq ou six qui s'asphyxient ou se noient par année, pour d'autres qui meurent gardes-malades comme Adèle Blay, — combien en verriez-vous qui, parvenues à leur maturité, entrent paisiblement et discrètement dans le monde, comme quelqu'un qui, voyant passer un cortége, sort de la foule des curieux et se mêle au convoi? Elles prennent la suite des sages et des heureuses; remarquées d'abord, elles s'effacent insensiblement, se confondent, et finissent par ressembler à tout le monde.

Le temps les recouvre ensuite de son vaste manteau d'indulgence.

Voulez-vous un exemple, imprévoyante Manon, de l'esprit de calcul de quelques-unes et de leur perception froide et sûre de l'avenir? Je vais l'emprunter tout exprès pour vous à un livre de Théodore de Banville, les *Esquisses parisiennes*, un livre qui a tellement terrifié la critique, qu'elle a passé à côté sans en souffler mot, les cheveux hérissés, les prunelles agrandies. — C'est une jeune fille qui parle, une jeune fille de l'école actuelle, presque une enfant; elle définit son avenir en ces termes :

« J'aurai deux cent mille francs sur l'affaire des terrains du clos Saint-Lazare; puis il y a les rentes, deux cents actions dans l'affaire des fiacres, dès qu'elle se fera; et c'est à moi spécialement qu'a été donné le privilége du petit théâtre à bâtir rue de Rivoli; seulement il me faut un prête-nom... Mon plan est bien simple. Gérard sort aujourd'hui de Saint-Cyr. Dans sept ans il sera décoré et capitaine; grâce au million que je lui apporterai, il obtiendra de reprendre le titre et le nom de sa mère; nous nous marierons et tout sera dit. Car lorsqu'on n'est pas honnête fille, il faut se faire honnête femme, ou on ne mérite aucune pitié, car on est une bête! »

*
* *

A propos de tout cela et à propos de bien des choses encore,—de bien des choses et de bien des personnes, —je veux rire avec vous, Manon, d'une prétention du dix-neuvième siècle. Le dix-neuvième siècle a la fatuité du vice; vous ne lui ôterez pas de la tête qu'il est le plus grand pendard du monde, un scélérat consommé, le dernier mot de la dépravation humaine. Il en est convaincu. Ne lui parlez ni de la Rome des Césars, ni de la Régence, ni du Directoire; l'opinion du dix-neuvième siècle est qu'il résume et dépasse toutes les époques d'exorbitances et d'immoralité. C'est à peine s'il ose se regarder en face dans son miroir. — Allons, allons, mon bonhomme, vous n'êtes pas aussi effrayant que cela; vous vous calomniez, vous valez mieux que vous ne le croyez vous-même. Restez tranquille dans votre paletot et ne redoutez pas tant le feu du ciel. Pour quelques assiettes jetées par les fenêtres des restaurants, pour quelques petites émeutes intimes dans les avant-scènes du boulevard du Temple, il n'y a pas de quoi se glorifier ou se maudire. Vous n'avez pas agrandi le vice; vous l'avez vulgarisé tout au plus. Vous l'avez mis à la portée du premier faquin qui, pour trois francs, a le droit de franchir le seuil illuminé du Casino ou la grille du Château-des-Fleurs, — cette admirable grille signée par Lamour, serrurier de Louis XV. — Vous avez mis le plaisir au rabais, comme vous avez fait de toutes choses, des pendules et des habits. Grâce à vous, le sommier-Tucker a remplacé le sofa de Crébillon fils. Allons, mon brave dix-neuvième siècle, cessez de poser pour le fantôme de l'Antechrist. Tranquillisez-vous au sujet de vos égarements. Vos petites brochures ne détruiront rien du tout, non plus que vos petites images qu'on regarde au fond des petites boîtes. Les corrupteurs sont ceux qui écrivent les *Liaisons dangereuses* ou *Jacques le fataliste*. Il y a d'ailleurs une autre population, un autre esprit que la population et l'esprit qui s'agitent dans les cafés du boulevard et remplissent les établissements de danse. Ce Paris dans Paris, que vous voulez créer, n'est ni la préoccupation, ni l'attrait, ni l'effroi exclusifs du passant. Lorsque la France se fait de jour en jour si grande par ses guerriers, par ses historiens, par ses poëtes, par ses peintres, — aux yeux de qui croit-on pouvoir la personnifier en une courtisane tatouée de poudre de riz, aux coins des paupières allongés à l'aide d'une épingle noircie, aux bottines lacées avec un cordon bleu ou rouge, et dont le souci principal est de lever le pied au son d'un orchestre de faubourg?

LES COURSES

PERSONNAGES

VASE ÉTRUSQUE, MONSIEUR LE MARQUIS, CALIGULA, — Chevaux engagés.

MARIE, pouliche de trois ans.

SCÈNE PREMIÈRE

DANS L'ÉCURIE

CALIGULA. — Par le royal sabot de Tinker, mon aïeul voilà une avoine dorée détestable, et je dis que mon Patrick est le palefrenier le plus impudent qui se puisse trouver d'ici à Epsom ! — Il n'en faut pas davantage pour me faire siffler aujourd'hui en plein turf, comme

17.

un tragédien enrhumé du cerveau. — Ohé! Monsieur le Marquis, n'êtes vous pas de mon avis, que je meure!

VASE ÉTRUSQUE, *bas à Marie.* — En vérité, l'arrogance de Caligula est sans égale. Il veut faire croire à son origine illustre, et ce n'est qu'un faquin de Normandie, issu de ce lourdeau de *Flageolet.*

MONSIEUR LE MARQUIS, *à Caligula.* — Mon cher Caligula, il m'importe fort peu. Je suis parfaitement revenu des choses de ce monde, voyez-vous. J'ai gagné dans ma vie trois coupes d'or, une cravache d'honneur et quelques milliers de guinées. Cela suffit à mon ambition. Maintenant je ne suis plus rien qu'un honnête cheval; je cours par devoir, absolument comme je promènerais un dandy dans les allées de Boulogne, ou comme je ferais ma partie dans la ferblanterie hippique de l'Hippodrome.

MARIE, *soupirant à part.* — Oh! l'Hippodrome!

CALIGULA. — Fi, Monsieur le Marquis, fi! Vous soutenez mal l'honneur de votre nom. J'aime à croire que vous parlez dérisoirement, mon cher, et que c'est uniquement par genre que vous vous encanaillez.

MONSIEUR LE MARQUIS. — Non, je vous jure.

CALIGULA. — Gageons que la belle Marie pense tout autrement que vous, et qu'elle rêve à cette heure le triomphe de la journée, — à travers les discours amoureux que lui tient Vase Étrusque. N'est-il pas vrai, Marie?

MARIE. — Que voulez-vous, messieurs! je suis une

faible pouliche. Ce ne sont pas seulement les gloires de la course qui me tentent; je vole vers tout ce qui brille, je l'avoue, et il est des succès plus faciles que je me surprends parfois à convoiter.

Air nouveau de M. Métra.

Je voudrais, pour meilleure aubaine,
Traînant le carrosse d'ébène
Où le riche s'étend et dort,
Voir sur ma peau souple jetée,
Pour moi du Gange rapportée,
La peau de tigre aux ongles d'or.

Je voudrais, olympique reine,
Voir, dans l'éblouissante arène,
Paris m'applaudir tous les jours;
Au son de la cymbale ardente,
Comme en d'autres cercles de Dante,
Tourner toujours, tourner toujours!

Quelle joie! hennissante et fière,
Passer dans des flots de lumière!
S'appeler Clorinde et Beppa!
Sur sa croupe ronde et charnue
Entraîner, écumante et nue,
Mas'Aniel ou Mazeppa!

CALIGULA. — Bravo! brava! bravissima!

MONSIEUR LE MARQUIS. — Une voix délicieuse!

CALIGULA. — Et quelle méthode, Monsieur le Marquis! quelle méthode!

VASE ÉTRUSQUE. — Ah! Marie, la coquetterie vous perdra. Je vous l'ai dit, vous prêtez trop l'oreille aux conseils perfides de certains muguets.

CALIGULA, *bas à Monsieur le Marquis.* — Vase Étrusque ne peut me souffrir. Il s'est aperçu que je faisais ma cour à la petite. C'est un original. — Entre nous, il n'a pas de chances. (*Il rit.*)

MONSIEUR LE MARQUIS. — Croyez-vous? il paraît cependant au mieux avec elle.

MARIE, *à Vase Étrusque.* — Pardonnez-moi, mon ami. C'est vrai, je suis une folle, une étourdie, une enfant. Voyons, ne faites plus le boudeur comme cela. Je vous promets de me corriger; faisons la paix. — Eh bien?

VASE ÉTRUSQUE. — Marie, je suis un pauvre cheval élevé dans les forêts. J'ai sans doute bien de la rudesse dans mes paroles, bien de la sauvagerie dans mes manières; c'est que je ne suis pas fait pour cet éclat dont on m'entoure; c'est que mon pied n'est pas habitué à fouler un pavé de marbre; c'est qu'il me répugne de courir pour l'amusement d'un groupe de badauds. Je vous aime, Marie, — et c'est pour vous uniquement que je ronge mon frein avec une apparente résignation. Ne m'en saurez-vous jamais gré?

MONSIEUR LE MARQUIS, *à part.* — Elle paraît émue. Feignons de dormir afin de les surveiller mieux.

CALIGULA, *regardant au dehors.* — Alerte! J'entends les fanfares! La course va commencer. — On vient nous chercher. — Hum! brum! brum!... Mes amis, du haut de cette estrade la fashion nous contemple ! — Ne manquons pas notre entrée.

MONSIEUR LE MARQUIS. — La peste soit des importuns ! Quand je commençais à dormir d'un si bon somme ! (*A part.*) Ne perdons pas de vue nos deux amoureux.

CALIGULA. — Arrivez donc, Monsieur le Marquis !

MONSIEUR LE MARQUIS. — Que vous êtes jeune, mon cher Caligula !

VASE ÉTRUSQUE. — Venez, Marie. Tout à l'heure je vous dirai mon projet.

Ils sortent. On entend des hourras prolongés.

SCÈNE II

LE CHAMP DE COURSE

CALIGULA. — Voyez, Monsieur le Marquis, quelle foule ! C'est superbe ! Jamais tant de monde ne s'est vu sous tant de soleil !

MONSIEUR LE MARQUIS. — Vous vous exprimez comme un fait-Paris. — Moi qui suis votre aîné, je trouve les courses bien déchues, vraiment, bien déchues.

CALIGULA. — Laissez-moi faire une caracolade devant ces dames. (*Il caracole.*)

MARIE. — Mon ami Vase Étrusque, comme on me regarde! Les beaux sourires quand je passe! Cela me rend toute joyeuse.

VASE ÉTRUSQUE. — Voici mon projet. Au moment de la course... Mais vous ne m'écoutez pas, Marie!

MARIE. — Si fait. Continuez. — Les brillants gentils-hommes! Comment appelle-t-on celui qui lorgne de ce côté?

VASE ÉTRUSQUE. — Je ne sais. M. de B..., je crois. Au moment de la course donc, il faudra fuir, — entendez-vous?

MARIE, *étonnée.* — Fuir?

VASE ÉTRUSQUE. — Oui, Marie, fuir! Fuir par delà les plaines, les montagnes, les fleuves, les villes! Fuir dans mes forêts, là-bas, tout là-bas, où est la liberté, où est l'amour! Fuir, toi et moi! — Comprends-tu quelle allégresse de n'avoir plus ni joug, ni entraves; de vivre fier, indompté, loin du regard des hommes! — Écoute : après la deuxième haie, je sais un chemin qui longe le bois; bon gré mal gré, je laisserai mon cavalier dans les buissons ou dans la rivière. Tu me suivras.

MARIE. — Y songez-vous? Renoncer à ces fêtes, à cet enivrement!...

VASE ÉTRUSQUE. — Vous hésitez, Marie? L'éclat et le monde ont sur vous un trop grand empire, je le vois. Ah! je suis un cheval bien malheureux!

MARIE. — Je vous suivrai, Vase Étrusque.

MONSIEUR LE MARQUIS, *à part.* — Elle a étouffé un soupir, c'est bon signe. (*Haut, à Caligula.*) Eh bien, mon cher Caligula, quand aurez-vous fini vos courbettes et vos ruades? D'honneur, on vous prendrait pour un cheval savant. Que signifient ces balancements de tête et ces mouvements de valse? Nous ne sommes pas sur un champ de foire ici, et c'est peu digne de votre blason de vous comporter de la sorte. Il y a des bornes à tout, que diable! Vous posez trop, mon cher; je vous le dis en camarade, vous posez trop!

CALIGULA, *à part.* — Hum! ce mauvais plaisant ne me revient pas du tout.

SCÈNE III

LE DÉPART

CALIGULA, *en avant.* — Il est clair que j'arriverai le premier. J'en étais sûr. — Hop!

VASE ÉTRUSQUE. — Suivez-moi, Marie. — Hop! hop!

MONSIEUR LE MARQUIS, *à côté de Marie, bas.* — J'ai tout entendu, ma charmante. Vous ne pouvez pas déserter le monde équestre dont vous êtes appelée à faire le plus bel ornement. Permettez-moi seulement d'être votre protecteur. — Hop!

MARIE, *gagnant une longueur.* — Monsieur!... — Hop! hop!

MONSIEUR LE MARQUIS, *la rejoignant.* — Il y aurait folie à perdre un si brillant avenir. — Hop!

MARIE. — Laissez moi, Monsieur... — Hop! hop! hop!

MONSIEUR LE MARQUIS. — Un mot de vous, et je vous fais gagner le prix. Caligula se fatigue, je me charge de lui. Abandonnez Vase Étrusque à son absurde projet et la victoire vous est assurée. — Hop!

MARIE, *très-vite.* — Je ne vous écoute pas.— Hop!

MONSIEUR LE MARQUIS, *de même.* — Un prix magnifique! l'honneur de la saison. — Hop!

MARIE, *à part.* — Oh! le tentateur! — Hop! hop!

MONSIEUR LE MARQUIS. — Voulez-vous? — Hop!

MARIE. — Pour qui me prenez-vous? — Hop! hop!

VASE ÉTRUSQUE. — Voici le chemin, Marie; je vais tourner à gauche. Fais bien comme moi. — Hop!

CALIGULA, *toujours en avant.* — Décidément je triomphe plus que jamais. Cela ne me surprend en aucune façon; j'y suis accoutumé. — Hop!

MONSIEUR LE MARQUIS, *à Marie.* — Le prix! songez au prix! — Hop!

VASE ÉTRUSQUE. — Par ici! par ici! (*Il tourne subitement à gauche.*)

MARIE. — Mon ami, j'ai peine à vous suivre...

MONSIEUR LE MARQUIS, *à part.* — Elle est à moi! — Hop! hop! (*Il se jette en travers de Caligula.*)

CALIGULA. — Ah! le butor, l'animal! Marquis, c'est un trait pendable. Ouf! Tu me revaudras cela, traître! Je n'en puis plus, je boite. Comment les dépasser à présent ? Sur trois jambes ! — Hop ! hop ! hop !

MARIE, *arrivant première.* — J'ai gagné ! (*Tonnerre d'applaudissements.*)

VASE ÉTRUSQUE, *fuyant.* — Suis-moi, Marie, suis-moi !

VOIX DANS LA FOULE. — Au cheval échappé ! au cheval échappé !

VASE ÉTRUSQUE, *fuyant toujours.*— En avant ! en avant, mon amie ! Nous prenons du terrain. — Oh ! l'air des forêts ! — En avant ! en avant ! — Marie, Marie, que je te voie ! (*Il tourne la tête.*) Où donc est-elle ? Quoi ! encore là-bas ! — Ah ! (*Il s'arrête court.*)

MONSIEUR LE MARQUIS, *bas à Marie.* — Vous êtes adorable.

MARIE, *rêveuse.* — Pauvre Vase Étrusque !...

UN CHEVAL DE TILBURY, *à un cheval de coupé.* — Qu'est-ce que vous regardez donc de ce côté ?

LE CHEVAL DE COUPÉ. — Rien. C'est ce cheval échappé qui vient de s'ouvrir le poitrail à un tronc d'arbre. Il expire.

ÉMOTIONS D'UN BOURGEOIS

EN LISANT SON JOURNAL

I

Le voilà! il vient de paraître; il sent encore l'imprimerie. Contenons-nous, ô mon Dieu! ne laissons pas éclater notre joie; on en rirait peut-être et je serais troublé dans ma lecture.

Que voulez-vous! j'aime mon journal; c'est plus fort que moi. Il y a des gens qui se passionnent pour une bête qui jappe ou pour un gros oiseau vert et rouge qui mord. Je ne me moque pas de ces gens-là; je fais même des efforts pour comprendre leur goût, — mais à la condition qu'on me laisse tranquillement vivre par mon journal et pour mon journal.

Il y aura quinze ans au trimestre d'octobre que je l'aime, que je lui suis fidèle et que je le collectionne.

Cela a commencé comme une aventure : un de mes amis, qui s'était ruiné dans la teinture des bois, partait pour Valparaiso; il vint me faire ses adieux; son abonnement avait encore six mois *à courir*, il me le céda.

Sur le moment, je ne me montrai pas assez touché de ce cadeau.

J'avais alors des préventions contre tous les journaux en général; cela venait de ce que je n'en avais jamais possédé un seul à moi. Je les avais toujours lus au café, entre deux parties de dominos, au bruit du billard et des conversations. Tout est bien changé aujourd'hui : je me passerais plutôt de mon repas que de mon journal. Je dis : mon journal! parce que je ne peux pas me figurer que ce soit aussi le journal des autres; il me semble qu'il existe entre lui et moi des relations exclusivement intimes; je me plais à le regarder comme un être animé; je lui parle, je l'apostrophe, je le réfute, je m'emporte, — et je finis toujours par lui céder.

II

Le voilà, je le tiens; je vais en déchirer la bande. Mon fauteuil me tend les bras, placé auprès de la fenêtre, dans le jour le plus favorable. Au dehors, mes ordres sont donnés : je n'y suis pour personne. — Commençons.

Très-bien, ce *bulletin!* Parfait, ce *bulletin!* L'écrivain qui le rédige a du tact et de l'expérience. Il ne va jamais trop loin; il ne dit que ce qu'il faut dire. C'est mon homme. — A quoi bon, en effet, mettre le feu chaque matin aux quatre coins de l'Europe, je vous le demande?...

Voyons maintenant l'article de fond : *Du paupérisme en Angleterre;* il est divisé par numéros, ce qui est l'indice d'un morceau d'éloquence : « Nous aborderons au« jourd'hui la partie théorique du discours de M. Bright, « prononcé dans le grand meeting de jeudi dernier, à « Huddersfield... » Hum! c'est bien profond pour moi. Quatre colonnes sur ce ton! Ma foi, je suis sans témoins, passons l'article de fond.

Actes officiels. — « Par décret du 26 septembre... » Ah! mon Dieu! est-ce possible? (*Il appelle.*) Ma femme! ma femme! Grosbouchon est décoré! notre ami Grosbouchon, de l'hôpital militaire! Quel bonheur pour sa famille!

N'est-il pas un peu ton cousin?

III

Où en étais-je? *Correspondance particulière... Nouvelles étrangères... Faits divers...* — Oui, *Faits divers!* Ils sont bien maigrelets aujourd'hui, bien maigrelets.

Tant pis! car c'est une des parties de mon journal auxquelles je m'intéresse le plus.

« Le jaguar du jardin des Plantes est décédé avant-hier dans l'après-midi... » Il était bien triste, il est vrai. Je me souviens d'en avoir fait la remarque à ma nièce il n'y a pas plus de six semaines; j'ai même ajouté : — Voilà un animal qui n'ira pas loin!

N'importe; je suis fâché que l'événement ait justifié ma prédiction.

Encore de nouveaux effets de l'orage dans l'église du petit village de la Gaubertière (Deux-Sèvres) : « La « foudre, qui a respecté le clocher et la chaire, a em- « porté le tronc pour les pauvres. » — C'est très-singulier, en effet!

« Un pari qui a failli coûter la vie à son auteur a eu « lieu la semaine dernière à Manchester... » — Pourquoi est-ce toujours à Manchester que les paris ont lieu? — « Le nommé John Black avait parié de manger « en un quart d'heure trente kilogrammes de rosbif, « sans boire autre chose qu'un petit verre de gin... Il « a été transporté à l'hospice dans un état désespéré. » — C'est bien fait! l'homme s'assimile à la brute par une absorption immodérée; telle est du moins l'opinion de nos médecins les plus fameux, de Boerhaave entre autres.

Ah! — des détails sur l'inconnu exposé hier à la Morgue : « Une femme qu'à ses vêtements il était aisé de « reconnaître pour une artisane s'est tout à coup ap-

« prochée du vitrage, en donnant les signes de la plus « vive agitation; mais, après quelques minutes d'exa- « men, elle s'est écriée sur le ton du désappointement : « — Ce n'est pas lui; quel malheur! »

Comment! c'est là tout? Mais cela ne m'apprend aucunement quel est cet individu. On a dû cependant trouver quelques papiers sur lui, une lettre inachevée ou une pièce de vers écrite une heure avant sa mort. C'est l'usage. Au besoin, je me passerais de la pièce de vers, mais je veux des renseignements! — Ne pouvait-on pas me dire de quelles initiales son linge était marqué?

Vraiment, le rédacteur des *Faits divers* se néglige beaucoup depuis quelque temps. Cette négligence perce dans mille petites choses. Ainsi, il ne s'est pas procuré un seul centenaire depuis bientôt deux mois. Eh bien! c'est trop long. De quinzaine en quinzaine, un centenaire ou une centenaire accomplissant exactement ses quatre repas par jour et lisant sans lunettes, — cela fait plaisir, cela encourage. J'aimerais aussi à voir revenir plus fréquemment l'honnête anonyme « qui restitue 14 fr. au Trésor par la voie de la poste. » Ce sont là de ces traits de probité bons à propager au siècle où nous sommes. Dans un autre genre, quelques exemples de *vol à la tire* ne seraient pas non plus perdus pour les personnes trop confiantes. On pourrait remettre sous les yeux la femme qui soustrait des étoffes dans les magasins; autant d'avertissements! — Ce rédacteur ne comprend qu'à demi ses devoirs. — Il ne passe donc jamais dans les rues où les maçons tombent du haut des échafaudages? il ne s'enquiert donc pas des puits qui s'éboulent, des fosses d'aisances qui n'ont point été vidées depuis trente ans? — Encore si pour racheter cette insouciance il se livrait à des calculs ingénieux ou à des statistiques plaisantes! On ne se lasse jamais de savoir ce que Paris consomme en une journée de veaux, de moutons, d'œufs et de barriques de vin. Voilà comme on amuse et comme on séduit, comme on attire et comme on retient!

IV

Les *Tribunaux* ont bien aussi leur petit charme; je ne sais ce qu'ils me réservent dans ce présent numéro, mais je doute qu'ils m'intéressent plus fort qu'à l'occasion du procès Cervignoli. Ah! le joli adultère que c'était là! trente-sept lettres imprimées avec des épithètes dans le goût de celles-ci : *Mon ange! ma louloute! ton gros ours de mari!* Je n'avais rien lu d'aussi chaleureux depuis les lettres de Mirabeau à Sophie, datées du donjon de Vincennes.

Ce qu'il y avait de bouffon dans ce procès, c'est que les deux amants avaient étouffé Cervignoli, le mari, entre deux matelas, et que Cervignoli était resté huit mois dans cette position. Ah! ah! ah! (*Il rit.*)

Mais je me laisse aller à mes remembrances, et j'oublie les *Tribunaux* de ce jour : — « Cour d'assises de la Seine. Présidence de M. Anspach. Condamnation d'une concierge. — « M. V..., artiste-peintre, avait quitté de-
« puis trois mois un logement qu'il occupait rue Chau-
« chat, 27, pour aller habiter à Montmartre. En partant,
« il avait défendu à la concierge de donner sa nouvelle
« adresse. Cette concierge n'ayant pas tenu compte de
« cette injonction, et des désagréments de plusieurs sor-
« tes en étant résultés pour son ancien locataire, M. V... a
« porté plainte. C'est cette affaire qui amenait aujour-
« d'hui la femme B... sur les bancs de la Cour d'assises.
« Après les débats les plus animés et les plaidoiries les
« plus émouvantes de part et d'autre, la femme B...,
« concierge, a été condamnée à quinze ans de travaux
« forcés.

« Le visage de l'accusée n'a trahi aucune émotion en
« entendant cet arrêt. »

Sac à papier! je trouve la Cour un tantinet sévère. Pourquoi donc ce peintre tenait-il à ce qu'on ignorât sa nouvelle adresse? Tout est mystère dans la vie des artistes!

V

VARIÉTÉS. *Mœurs finlandaises*. Très-bien. Je mets de côté ce morceau, ainsi que l'article de fond, — pour ma provision d'hiver, avec mon bois.

La *Revue commerciale* a pour moi de médiocres appas; cela vient de ce que je n'ai jamais exercé d'autre profession que celle de sous-chef au ministère des cultes. Néanmoins je ne suis pas fâché, — comme citoyen, — d'apprendre de temps en temps que « les orges disponibles sont toujours rares, que les seigles, un moment décontenancés, ont repris faveur sur les marchés de Champagne, à 27 50 et 28 fr. les 150 kil., et que l'on n'a rien dit aux riz. »

Cela lu, je me hâte de passer aux *Nouvelles des spectacles*, — dont je suis friand, mais friand, friand au possible.

VI

« COMÉDIE FRANÇAISE. — Ce soir, spectacle des plus piquants : le *Collatéral*, l'*École des maris* et le *Legs*. »

— Oh! oh! des plus piquants!... Avec un billet de faveur, je ne dis pas; une loge de six places.

« ODÉON. — Relâche. » — J'aime mieux cela.

« THÉATRE-LYRIQUE. — Pignerol, Baume-les-Dames « et Agen ont fait retenir la salle entière pour trois « jours, afin de venir assister aux *Pêcheurs de Catane*. »

— Il fera bon pour les voleurs quand ces villes seront désertes... Eh! eh!

« PORTE-SAINT-MARTIN. — On refuse tous les soirs

« 3,000 personnes, et le bureau de location est littéra-« lement assiégé pour voir la *Jeunesse de Louis XI*, de « M. Jules Lacroix, l'illustre auteur d'*une Grossesse* et « de *Fleur à vendre*. Ce drame, qui nous reporte au « plus beau temps de la période romantique, n'est pas « seulement un drame; c'est encore une véritable révé-« lation sur un des rois les moins connus de notre his-« toire. » — Pas possible! — C'est égal, le théâtre a bien tort de refuser ces trois mille personnes.

« GAÎTÉ. — On répète activement *Les Trente-deux* « *duels de Jean Gigon*. Cette œuvre nouvelle d'une de « nos célébrités du boulevard passera probablement du « 5 au 10 novembre. » — Il y a donc des célébrités du boulevard?

« CIRQUE. — Tous les soirs *les Massacres de la Syrie*. « Le caissier se frotte les mains. » — Probablement pour éviter les engelures. (Morbleu! je ne suis pas une bête!)

Je puis me tromper, mais j'ai toujours un peu soupçonné les directeurs de théâtres de n'être pas étrangers à ces appréciations.

VII

Il est des lecteurs qui jettent un coup d'œil d'indifférence aux publications de mariages et aux décès. Je ne suis pas de ceux-là, et j'estime que c'est là surtout un champ fertile pour l'observateur. Voyons les mariages :

« M. Huguet, employé, rue de Beaune, et mademoiselle Bolot, à la Guadeloupe. » — Ils s'épouseront sans doute à l'aide du câble sous-marin.

« M. Cordier, entrepreneur de bains, rue de Babylone, 7, et mademoiselle Fouinard, même rue, même maison. » Et même numéro probablement.

« M. Jouvenot, boucher, rue du Four-Saint-Germain, et madame Reboul, marchande de vins, rue Taranne. » La faim et la soif... hi! hi!

On ne se marie plus beaucoup. Est-ce que la mode s'en perdrait? Cela m'étonnerait sans m'affliger.

Inhumations du 9 octobre. Fini de rire. Trente ans.. dix-sept ans... onze mois... « Bachimont, colonel de « hussards, quatre-vingt-huit ans... » Oh! oh! à la bonne heure! Quatre-vingt-huit ans, c'est un âge décent. Ces militaires, comme la gloire les conserve!

Diable! — je remarque qu'on meurt beaucoup plus dans mon arrondissement que dans les autres.

VIII

Pourquoi dédaignerais-je les annonces? Un bon avis peut se cacher parfois dans cette quatrième page, si variée d'aspects. — Quel océan! quelle houle! quelle lutte de grosses lettres! Il me semble que je les entends toutes s'écrier : — Regarde-moi! lis-moi! c'est moi seule qui mérite ton attention! — Voici l'armée des médicaments, des sirops, des pâtes, des biscuits, des bonbons, des pastilles, des dragées, des pilules, des chocolats, des eaux, des vinaigres, des pommades, des dentifrices, des savons, des poudres, des crèmes! — Voici le bataillon des maisons de confection, les Saint-Jacques, les Saint-Augustin, les Saint-Eugène! C'est à ne savoir à qui prêter les yeux! Un tohu-bohu! une cacophonie! *Taches et boutons au visage* coudoient les *Mémoires de M. Guizot;* les dîners à prix fixe s'étalent à côté du *Morto-insecto.* Il n'y a pas jusqu'aux petites lettres qui ne se fassent bizarres, gothiques, renversées, pour forcer le regard. D'autres appellent l'image à leur aide. Qu'est-ce ceci? Un bout de sein. Et cela? Un irrigateur. Très-jolie estampe. Un homme applique son mouchoir sur une joue enflée. Gracieux dessin. Le Christ portant une brebis sur les épaules est l'enseigne d'un commerce de paletots. Le Congrès de Paris vend des chaussons. L'armée d'Italie débite des panamas. Béranger tient des cannes.

Et vous ne voulez pas que je lise les annonces!

IX

J'ai l'habitude de garder le feuilleton pour la bonne bouche. Je suis un délicat.

Le roman que publie actuellement mon journal est un épisode emprunté aux mœurs de la Régence; l'intérêt en est heureusement gradué, le style facile et coulant; l'auteur, que je ne connais pas, est appelé à prendre une belle place parmi nos conteurs les plus aimés du public. — Est-ce bien de moi, cette phrase-là?...

J'en suis resté au moment où le régent sort d'un petit souper, dans la rue des Bons-Enfants, chapitre lestement troussé.

« — Qui va là? s'écria une voix.

« — Parbleu! dit Philippe en portant vivement la main à son épée, je châtierai l'insolent qui...

« Mais le valet qui le précédait ayant mis aussitôt sa lanterne sous le nez de l'inconnu, celui-ci partit d'un éclat de rire.

« — Dubois! dit le régent.

« Tous les deux se dirigèrent, d'un pas légèrement aviné, vers la rue Laffitte... »

Comment! la rue Laffitte?

Est-ce que la rue Laffitte existait du temps du régent?

Il est vrai que cela importe peu à l'action, et que l'action est palpitante. Continuons : « ... Quand on la releva, on s'aperçut que Suavita avait perdu la raison. On la transporta immédiatement à l'hospice de Lariboisière. — (*La suite à demain.*) »

La suite à demain ! — déjà !

Vingt-quatre heures à attendre, un siècle ! comme dirait M. Scribe.

O mon journal !

Personne ne me voit... Si je le recommençais?

LE GRAND ACTEUR BOULE-DE-ZINC

—

I

DANS LA RUE

UN PASSANT, *serrant le bras de son ami.* — Regarde devant toi : c'est Boule-de-Zinc, le célèbre Boule-de-Zinc.

L'AMI. — Qui ? ce grand ! ce vieux?

LE PASSANT. — Oui.

L'AMI. — Quel dégommage ? (*Ils passent.*)

BOULE-DE-ZINC, *à part.* — Tais-toi, mon cœur ! Et toi, ma poitrine, comprime tes battements. O gloire ! tu n'es pas un vain nom !

UNE VIEILLE DAME, *à son mari.* — Ah ! mon Dieu !

LE MARI. — Qu'as-tu, ma chatte?

LA VIEILLE DAME. — Vois donc ce beau jeune homme ;

c'est lui qui jouait, cet hiver, le marquis de Santa-Flore dans *Doña Carmen;* c'est M. Boule-de-Zinc.

LE MARI. — Eh bien, ne vas-tu pas lui sauter au cou? Que les femmes sont drôles! crois-tu que les acteurs ne sont pas faits comme les autres hommes, par hasard? Si tu avais connu comme moi Bosquier-Gavaudan... (*Ils passent.*)

BOULE-DE-ZINC, *à part.* — Dignes bourgeois! braves bourgeois! le vrai public! le seul qui comprenne l'artiste!

UNE OUVRIÈRE, *derrière les vitres d'un magasin.* — Il n'a pas seulement tourné les yeux vers moi. Aussi de quoi allé-je m'aviser d'écrire à quelqu'un d'aussi célèbre!

BOULE-DE-ZINC, *à part.* — Plus souvent que je m'amuserais à répondre à toutes les lettres d'amour qu'on m'envoie!

UN CAMARADE. — Comment, c'est toi, vieille bête! je te croyais à Dijon.

BOULE-DE-ZINC. — J'en reviens, mon petit. Ah! quel triomphe! Parole d'honneur, ils ont été trop loin. A ma dernière, la loge du Cercle m'a jeté une couronne d'or, avec les titres de mes créations sur chaque feuille. Vois-tu, mon bonhomme, on a beau être blasé sur ces choses-là, cela console de bien des injustices. Tu sais que j'entre là-dedans en juin. (*Il désigne un théâtre sur le boulevard.*)

LE CAMARADE. — On vient de me le dire au café.

BOULE-DE-ZINC. — Dix-huit mille francs pour trois mois;

la pièce à mon choix... avec de la pluie assurée pendant le mois d'août.

LE CAMARADE. — Comment! de la pluie?

BOULE-DE-ZINC. — Est-ce que tu crois que je consentirais à jouer par trente-trois degrés de chaleur, en m'essuyant le front après chaque tirade? J'ai exigé de la pluie sur mon engagement. De la pluie, ou je ne signe pas. C'est comme cela qu'il faut mener les directeurs.

LE CAMARADE. — Et il t'a promis de la pluie?

BOULE-DE-ZINC. — Parbleu!

II

AVEC SON AUTEUR

L'AUTEUR, *lisant un manuscrit.* — « ... Les hommes vous ont pardonné, madame; mais Dieu vous pardonnera-t-il, LUI ! (*La comtesse, étouffant ses sanglots, se jette aux pieds du comte, qui la relève avec dignité. Il tend une main à Frédéric; de l'autre, il lui montre le cadavre de Mac-Trevor ; et de l'autre, saisissant le testament...*

BOULE-DE-ZINC. — Ah çà! combien a-t-il donc de mains?

L'AUTEUR, *continuant.* — « ... (*Saisissant le testament, il le déchire à leurs yeux. Anna va pour s'élancer, mais le comte, la clouant du regard, lui dit :*) Mac-Trévor le bandit n'existe plus; il n'y a plus ici la fille de Mac-Trévor, il y a la fille du comte Sigismond! (*Tableau. La toile tombe.*) » Eh bien, qu'en dis-tu? Qu'en penses-tu? Est-ce assez joli? est-ce assez corsé?

BOULE-DE-ZINC. — Oui... oui... oui...

L'AUTEUR. — Est-ce assez mouvementé? Et quelles situations! un crescendo perpétuel.

BOULE-DE-ZINC. — Certainement; mais...

L'AUTEUR. — Mais quoi?

BOULE-DE-ZINC. — Il y a trop de personnages.

L'AUTEUR. — Qu'est-ce que cela te fait? Tu n'en ressortiras que mieux.

BOULE-DE-ZINC. — Tu ne m'entends pas; je veux dire qu'il y a trop de rôles à côté du mien.

L'AUTEUR. — Pas plus qu'il n'en faut : l'amoureuse, le traître et le comique. Un drame à quatre; que veux-tu de moins?

BOULE-DE-ZINC, *marchant dans la chambre.* — C'est donc bien nécessaire, un comique? Moi, je trouve que c'est ce qui compromet toutes les pièces aujourd'hui.

L'AUTEUR. — Celui-là, tu le sais bien, ne fait que passer à travers l'action.

BOULE-DE-ZINC. — Raison de plus; puisqu'il est inutile, tu dois le supprimer.

L'AUTEUR. — Nous verrons... Que dis-tu de la jeune première?

BOULE-DE-ZINC, *avec humeur.* — Elle a tout. Tu lui as

tout donné. Ah! tu es encore un joli camarade, toi!

L'AUTEUR. — Ma pièce ne peut pas se passer de femmes, cependant. Je n'écris pas pour les lycées.

BOULE-DE-ZINC. — Qu'est-ce qui te parle de te passer de femmes? Tu aurais pu faire ta jeune première moins intéressante, voilà tout. Deux rôles intéressants dans une pièce se nuisent toujours. C'est élémentaire, cela.

L'AUTEUR. — Il faut pourtant qu'elle t'aime pour amener la scène de la déclaration. Tu dois être content de la scène de la déclaration, hein?

BOULE-DE-ZINC. — Pas mal, pas mal... mais il est inutile que la femme soit là pendant ce moment. Elle gâterait tout.

L'AUTEUR. — Comment, inutile! Où veux-tu qu'elle soit, puisque tu tombes à ses genoux?

BOULE-DE-ZINC. — Elle sera dans un cabinet à côté, où son tuteur l'aura enfermée à double tour. Je tomberai à genoux devant la porte. L'effet sera bien plus grand.

L'AUTEUR. — Je n'y avais pas pensé, je l'avoue.

BOULE-DE-ZINC. — A qui donnes-tu le rôle du traître?

L'AUTEUR. — Le rôle de Mac-Trévor? à Griboux; il n'y a que lui.

BOULE-DE-ZINC. — J'en suis fâché; je ne peux pas jouer avec Griboux, il me donne sur les nerfs; c'est plus fort que moi! J'ai fait mettre dans mon engagement que je ne serais jamais d'une pièce où serait Griboux.

L'AUTEUR. — Alors, je prendrai Saint-Colin.

BOULE-DE-ZINC. — Veux-tu un bon conseil? prends plutôt Roussel.

L'AUTEUR. — Une utilité?

BOULE-DE-ZINC. — Allons, tu es injuste pour Roussel. Un élève de Machanette ! Il te jouera très-proprement ton Mac-Chose. Et puis, un si brave garçon... surchargé de famille.

L'AUTEUR. — Il bégaye.

BOULE-DE-ZINC. — Non, il blaise. Mais, qu'importe! Ton traître n'en sera que plus haïssable; c'est ce que tu demandes.

L'AUTEUR. — Pourquoi ne m'invites-tu pas à le supprimer, lui aussi, comme le comique et comme l'amoureuse?

BOULE-DE-ZINC. — Le fait est qu'une lettre suffirait peut-être... Une dénonciation habilement dictée... Tu réfléchiras.

L'AUTEUR. — C'est tout réfléchi, je suivrai tes conseils. Seulement, qui de quatre personnages ôte trois, reste un. Il n'y aura plus que toi dans la pièce.

BOULE-DE-ZINC. — Eh bien?

III

PENDANT LES RÉPÉTITIONS

BOULE-DE-ZINC, *à l'auteur.* — Viens donc par ici, j'ai deux mots à te dire. Comment trouves-tu ce couteau de chasse ?

L'AUTEUR.—Ah! oui; voilà un beau couteau de chasse... un fier couteau de chasse, là!

BOULE-DE-ZINC. — Eh bien, sois content, je le porterai à ma ceinture pendant la pièce. Tu ajouteras quelques mots pour justifier cela.

L'AUTEUR. — Tu es fou ! un couteau de chasse ; et pourquoi ? tu représentes un homme du monde, le comte Sigismond. Tu es en habit noir tout le temps.

BOULE-DE-ZINC. — Oh! j'ai changé le costume. Je me suis fait faire un habit Louis XV dont tu me diras des nouvelles. Il faut bien que ce soit pour toi, va.

L'AUTEUR. — Mais ma couleur locale! Je me suis évertué à faire de l'Allemagne moderne pendant cinq actes!

BOULE-DE-ZINC. — Avec quelques retouches, tu t'en tireras facilement. Je t'aiderai.—Et puis, quoi ! ton comte Sigismond peut avoir la toquade d'user les habits de son père.

L'AUTEUR, *découragé.* — Adieu, Boule-de-Zinc.

BOULE-DE-ZINC. — Où vas-tu? attends un instant; as-tu vu l'affiche? j'en ai une épreuve sur moi. (*Il déplie une grande feuille.*)

AUJOURD'HUI 1er JUIN

Les bureaux ouvriront à six heures.

POUR LES REPRÉSENTATIONS DE M.

BOULE-DE-ZINC

—

PREMIÈRE REPRÉSENTATION DE

L'IDIOT DE STUTTGARD

OU

LES CENDRES DU TESTAMENT

Drame en 5 actes et 8 tableaux.

M. BOULE-DE-ZINC

REMPLIRA LE RÔLE DE L'IDIOT

LES AUTRES RÔLES SERONT REMPLIS PAR

MM. Roussel, Lacorne, Pointot, Ernest,

Mmes Luccioli, Maria, Lécuyer.

N. B. Le drame commencera à huit heures.

BOULE-DE-ZINC. — N'est-ce pas que cela a de l'œil?

L'AUTEUR. — Très-bien; mais mon drame ne s'appelle

pas l'*Idiot de Stuttgard;* il s'appelle l'*Orpheline du Johannisberg.*

BOULE-DE-ZINC. — Je vais te dire : il y avait trop de lettres dans ton titre; il aurait tenu l'affiche entière, et c'est à peine si l'on aurait distingué mon nom; tandis que comme cela...

L'AUTEUR. — On ne voit plus que toi.

BOULE-DE-ZINC. — Dame! puisque je porte toute la pièce.

IV

DANS LE PREMIER DESSOUS

UN MACHINISTE. — Bien le bonjour, monsieur Boule-de-Zinc.

BOULE-DE-ZINC. — Dites donc, Latapy?

LATAPY, *ôtant sa casquette.* — Monsieur Boule-de-Zinc?

BOULE-DE-ZINC. — C'est toujours vous qui avez le service de la rampe?

LATAPY. — Oui, monsieur Boule-de-Zinc.

BOULE-DE-ZINC — C'est alors vous qui haussez ou baissez le gaz?...

LATAPY. — Selon les indications du régisseur; oui, monsieur Boule-de-Zinc.

BOULE-DE-ZINC. — Ce brave Latapy! Savez-vous que

vous n'êtes pas changé depuis quinze ans que je vous connais?

LATAPY. — Trente ans, monsieur Boule-de-Zinc, trente ans au mois d'avril qui vient. J'étais avec vous à l'Odéon en... en...

BOULE-DE-ZINC. — Ah bah! satané Latapy! — Et avez-vous toujours votre petite femme?

LATAPY. — Merci bien, monsieur Boule-de-Zinc. Dame! elle n'est pas jeune non plus; elle est comme nous.

BOULE-DE-ZINC. — Latapy, permettez-moi de vous offrir ces cinquante francs en souvenir de notre ancienne amitié. Ne me refusez pas; ce serait me désobliger cruellement.

LATAPY. — Vous êtes trop bon, monsieur Boule-de-Zinc. Mais comment pourrai-je reconnaître...

BOULE-DE-ZINC. — C'est bien simple. Vous savez que nous avons une rude soirée aujourd'hui. A chacune de mes entrées, forcez un peu le gaz.

LATAPY. — C'est entendu, monsieur Boule-de-Zinc.

BOULE-DE-ZINC. — Adieu, mon cher Latapy, adieu.

LATAPY, *le rappelant.* — Ah! monsieur Boule-de-Zinc, permettez... Faut-il aussi forcer le gaz pour les entrées de M. Roussel?

BOULE-DE-ZINC. — Gardez-vous-en bien! Roussel souffre beaucoup des yeux; il ne peut pas jouer dans une trop vive lumière. Ménagez le gaz à Roussel.

LES NOUVEAUX DJINNS

C'est l'essaim des Djinns qui passe.
VICTOR HUGO. *Orientales.*

Mabille!
J'en sors,
Tranquille
De corps. —
Je sonne :
Ma bonne
Raisonne...
Je dors.

Quelqu'un grogne;
C'est, croit-on,
D'un ivrogne
Le feston.

C'est la plainte
Presque éteinte
De l'absinthe
Chez Piton [1].

La voix moins frêle
Semble un galop ;
Dans ma cervelle
Ai-je un grelot?
Ainsi s'élance
Et recommence
Une romance
Dans un goulot.

La rumeur approche ;
L'écho la redit :
Est-ce Rigolboche
Que l'on applaudit?
Est-ce sous un porche
(Sax tenant la torche)
Wagner qu'on écorche
Avec du Verdi?

Dieux ! la horde grimpante
Des créanciers ! — Quel trac !
Fuyons dans la soupente
Où je mets mon cognac !

[1] Pâtissier nocturne, à quelque distance du théâtre des Variétés; il a la permission de deux heures.

Leur fourberie insigne
A forcé la consigne
Chez mon concierge indigne. —
Ah! portier de Jarnac!

Ciel! la porte et la fenêtre
Ont cédé sous leur effort,
Et le premier qui pénètre
Cherche en vain mon coffre-fort.
Avant que je la verrouille,
Dans l'armoire à glace il fouille,
Pour découvrir la grenouille
Dont jamais le chant ne sort.

Le bottier dit : — Rends-moi mes bottes!
Le tailleur dit : — Rends-moi mon frac!
Tous répètent : — Voici nos notes!
Tous demandent : — As-tu le sac?
Seul, dans son farouche délire,
Le traiteur, étouffant son ire :
— C'est pourtant moi, semble-t-il dire,
Qui l'ai fait gros comme Balzac!

Pendant ce chœur, saisissant mes lunettes,
Qui reposaient à côté de mon l't,
Je reconnais leurs atroces binettes :
Un créancier ne fut jamais joli.
Deux créanciers forment un couple blême;

Trois créanciers sont la laideur extrême ;
Mais cinq, mais dix, mais vingt, — c'est l'enfer même!
Or j'écoutais leur langage impoli :

— Oui, c'est un libertin! — Sa conduite est infâme!
— Il refuse sa porte et se lève à midi!
— Il court les Casinos! — Il a plus d'une femme!
— Monsieur fait pince-nez! — Monsieur joue au dandy!
— Il rit de nos sueurs et n'en prend qu'à ses aises!
— Il faut à son dîner de l'aï sur les fraises!
— Au café du Helder je l'ai vu, sur deux chaises,
Écorchant une glace à l'air du soir tiédi.

Je suis né bon, j'ai la mansuétude,
Et volontiers je me laisse raser.
De ces refrains, d'ailleurs, j'ai l'habitude;
Rien ne saurait plus me mécaniser [1].
Mais cependant, flairant l'impertinence
De ces butors enivrés de finance,
Je secouai le joug de ma créance :
Sur mon séant on me vit me poser.

— Qui m'a fait ces polichinelles?
M'écriai-je, en sentant monter
Un litre rouge à mes prunelles
Que le courroux vient dilater;

[1] *Mécaniser*, *raser*, expressions parisiennes qui attendent un tour d'entrée à la porte du Dictionnaire de l'Académie.

Est-ce donc ici la coutume
D'entrer, à l'heure où l'on s'enrhume,
Chez les modestes gens de plume,
Comme s'ils venaient d'hériter?

Alors, d'une voix qui tance,
Je dis à ce groupe amer :
— Remportez votre quittance!
Vous voyez ce revolver :
Le premier qui me tutoie,
Sous mon talon je le broie,
Et je le jette avec joie
Par-dessus mon belvéder.

Partis! — Brûlons du sucre,
Et dissipons ainsi
L'horrible odeur de lucre
Qu'ils ont laissée ici!
Ce n'est pas sain encore;
Mais, quand luira l'aurore,
J'irai chercher du chlore.
Merci, mon Dieu! merci!

D'étranges syllabes
M'arrivent encor;
Ces maudits Arabes,
D'un commun accord,
Ont, sur ma muraille
Que leur doigt éraille,

Mis ce mot qui raille :
« Contrainte par corps ! »

Larves funèbres !
Laids pâtissiers !
Dans les ténèbres,
Mes créanciers
Me font comprendre
— Surcroît d'esclandre ! —
Qu'ils vont se rendre
Chez les huissiers.

Moi, bon nègre,
Pas vouloir
Qu'homme maigre
Et tout noir
Expertise,
Verbalise,
Dévalise
Mon manoir.

Pas bête :
Demain
J'arrête
Un train,
Et file
Pour Lille
Ou l'île
Saint-Ouen !

LES MOINEAUX DU PALAIS-ROYAL

Nous sommes les pierrots du Palais-Royal, c'est-à-dire des pierrots particuliers; — nous formons une race à part, comme les ramiers du Jardin des Tuileries, comme les huîtres d'Ostende, comme les violettes de Parme. Mais nous sommes le contraire des violettes : nous avons l'immodestie en partage, et la familiarité, et la gourmandise, et l'amour du bruit. Il faut nous voir nous chamailler, quatre ou cinq, pour une miette de pain qui roule et voltige sous nos coups de bec...

Nous sommes plus gros que les autres pierrots et d'une plus belle nuance grise. Lorsque nous dormons, ramassés en boule, on nous prendrait pour de jeunes chats. Nous ne volons guère plus haut que l'Eurydice ou la tête de l'Ulysse assis ; nous sautillons, nous marchons presque.

Nous ne craignons personne, ni les enfants avec leurs ballons en gomme et leurs cerceaux en osier, ni les loueuses de chaises, ni le canon de midi, ni les militaires qui se mettent en rond pour faire de la musique, pendant les beaux jours. Nous ne craignons personne, — excepté l'employé au jet d'eau, qui est aussi l'arroseur du jardin. Ah! cet employé! C'est lui qui nous réveille tous les jours, en dardant sur les feuilles des arbres de longs jets de poudre humide et brillante. Comme nous secouons nos ailes alors, en pestant contre lui!

Le matin, nous assistons à l'ouverture des riches magasins des arcades : le coiffeur Majesté apparaît sur son seuil dans un nuage de poudre de riz ; — les photographes accrochent à leur devanture le portrait de Lafontaine ; — la boutique aux décorations resplendit de rosettes, de brochettes, de crachats, d'étoiles, de couronnes, de cordons, de plaques ;—Véfour ajoute une monstrueuse carpe du Rhin à son étalage ; — Monteaux, le changeur, fait ruisseler dans ses sébiles les pièces de monnaie de toutes les nations ; — la Bohême et la Saxe ont envoyé chez Lahoche de nouveaux prodiges de lumière ciselée.

Dans le jardin, voici les comédiens de province qui forment des groupes; l'été est une mauvaise saison pour eux ; l'été, on ne chante pas l'opéra, à Laval non plus qu'à Tulle. Ils ont le menton bleuâtre. Un d'eux nous lance, avec sa canne, quelques grains de poussière sur la queue. — Dites-donc, vous, faites donc attention, s'il vous plaît!

Nous apercevons mademoiselle Cico qui se rend à la répétition; nous aimons beaucoup mademoiselle Cico, qui s'arrête souvent pour nous donner à manger. Pourquoi maigrit-elle ainsi depuis quelque temps? — M. Monrose la salue, en se dirigeant vers le Théâtre-Français. Qu'il a l'air affairé et bourru! et comme nous aurions peur de lui, si nous étions des oiseaux comme les autres!

Chut! Deux dames voilées se promènent avec lenteur dans la galerie Montpensier. Elles regardent fréquemment derrière elles, et elles font des stations devant toutes les vitrines de bijoutiers. Elles viennent enfin de ce côté pour s'asseoir. Elles resteront sur leurs chaises, patiemment, pendant plusieurs heures. Si quelqu'un leur adresse la parole, elles répondront avec un sourire Chut!

L'après-midi arrive, et déjà certaines personnes s'informent de ce que l'on *joue* au restaurant du Dîner-Européen. Lisons l'affiche : « Éperlans du lac Majeur, — rosbif des Ardennes au beurre de Valognes, — fraises de Vélizy-les-Bois. » Un programme bien littéraire! Les couples s'encadrent dans les croisées du premier étage; les capotes lilas et roses tapissent les murs; nous entendons l'aimable tapage des fourchettes d'argent. Bon appétit! — Nous attraperons peut-être un biscuit pour notre part, nous, les pierrots du Palais-Royal.

Six, sept et huit, — huit heures. Le jardin s'allume, les fenêtres flamboient. Le gaz n'a rien qui nous effraye, et nous continuons sur l'herbe éclairée nos propos libertins. — Monsieur prend-il du cognac avec son café? Ce sont les garçons de la Rotonde qui vont, viennent et s'interpellent d'une table à l'autre. — Versez au sept! quatre, pavillon! — Eux seuls se comprennent, cela suffit. Au-dessus de leur tête, chez Tavernier, il y a une noce; les danseurs tourbillonnent, tête nue; on voit l'or des plafonds. Aux Frères-Provençaux, le baron Taylor préside un banquet, un banquet artistique, bien entendu : on boit à sa santé, on s'échauffe, on porte des tostes à la fraternité universelle... — Quand nous endormirons-nous?

LES CAFÉS CHANTANTS

Ce genre de spectacle est devenu très à la mode à
'aris depuis dix ans environ. Autrefois il n'y avait
u'un seul café chantant, le Café des Aveugles, qui
xiste encore, et dont la physionomie se sépare absolu-
ient de celle des autres cafés.

Les nouveaux cafés chantants sont installés avec cette
iagnificence conventionnelle qui relève du théâtre :
ne estrade, ceinte de guirlandes, de draperies rouges
franges d'or, ornée de peintures représentant des at-
ibuts lyriques, enferme comme dans une corbeille un
ssaim de jeunes beautés. Il faut voir leurs robes de gaze
panouies comme des blancs d'œufs fouettés, leurs
ibans, leurs gants de bal et leurs effrontées pierreries
usses. Celle-ci est vêtue en amazone du temps de
ouis XIII, elle a une plume blanche à son feutre, et
lle enlève ses romances la cravache en main. Celle-là

est tout en rose, un chapeau de bergère se penche sur son oreille comme pour lui murmurer d'amoureux compliments; elle se lève en rougissant pour chanter : *Non, non, monseigneur, je ne vends pas mon cœur.*

Il y en a d'autres qui ont des mantelets d'hermine, même dans le mois de juillet, des vestes à la dragonne, des résilles à la Figaro, un croissant argenté sur le front, une couronne de bluets, ou plus simplement des *anglaises* qui tombent mélancoliquement tout le long, le long de deux maigres joues, peintes en fard jusque dans leurs trous de petite vérole.

Ah! dame, elles ne sont pas toutes belles. Quelques-unes ont de la voix; dans ce cas, une affiche écrite à la main apprend aux consommateurs qu'elles ont été élevées au Conservatoire. D'habitude elles ne livrent que leurs petits noms : c'est madame Marietta, c'est mademoiselle Georgine ou mademoiselle Olympe. Chacune d'elles a sa coterie, comme dans les théâtres, qui se compose d'un groupe de gros hommes, attablés le plus près possible de l'estrade, autour de plusieurs canettes de bière; ces hommes ont ordinairement la voix forte, le teint ardent, beaucoup de favoris, beaucoup de cheveux et des redingotes à poil.

Une bouquetière circule entre les tabourets; elle met en loterie des bouquets monstrueux, au prix de deux sous le billet. Les gros hommes prennent une vingtaine de billets.

Autour de l'estrade on remarque, errants, trois ou

quatre messieurs en gilet blanc et en habit noir. Ce sont les chanteurs ; ils attendent leur tour et froissent par contenance un cahier de musique. Quand il se fait tard, on les voit de temps en temps lever sur la pendule des regards qui ont faim. Tout à l'heure un baryton, d'un embonpoint excessif, va murmurer : *Si j'étais petit oiseau!* La basse attaquera résolûment : *Moine et bandit ;* le ténor, à qui ses amis viennent d'offrir un grog abondant, prendra corps à corps le grand air de la *Lucie ;* et le jeune Georges, qui n'a pas dix-sept ans, et dont les cheveux, à force d'avoir été trempés dans l'eau, pleurent sur l'archet, exécutera un morceau de violon qui durera une demi-heure.

Quelquefois, par hasard, il existe au milieu de tous ces gens-là un homme ou une femme qui a du talent. Alors, cela est triste.

Les chanteuses font la quête ; elles s'enveloppent d'une gaze et vous présentent leur aumônière, en détournant la tête avec une affectation d'indifférence. Ce sont les plus médiocres d'entre elles ; les autres ont le soin de stipuler dans leur engagement qu'elles ne tendront la main à personne.

Le chanteur le plus important de la troupe est le chanteur comique : c'est M. Narcisse ou M. Adolphe; on rit seulement à le voir. Habituellement, il est costumé en villageois, avec une perruque en filasse, un petit chapeau rond, et un col de chemise qui exubère ; le reste à l'avenant, rubans souillés, fleurs à la veste. —

Oh ! les pauvres mollets ! — Quand c'est à lui de dire une chansonnette, il arrive avec effort, prend une pose cagneuse, tord l'œil et la bouche, et l'on s'amuse beaucoup à écouter les *Infortunes de Jean-Louis* ou la *Fille à Jérôme*. D'autres fois il paraît en Anglais, le chapeau en arrière et le lorgnon à l'œil : *My dear Jenny*.

Les chanteurs comiques sont rares. Il y en a qui desservent plusieurs cafés-concerts dans la même soirée ; de ce nombre est un vieux bonhomme connu sous le sobriquet de M. *Lépateur*, titre d'une de ses chansonnettes affectionnées. Le Casino du Palais-Royal a pour chanteur comique un bossu.

Quand le chanteur comique est au repos et que, oubliant les regards du public, il se surprend à décomposer sa grimace, à rentrer son sourire, à éteindre les luisants burlesques de ses yeux, alors il paraît funèbre. On deviendrait triste, fiévreux et maniaque comme Hogarth ou Hoffmann, si l'on fréquentait quotidiennement ces endroits obscurcis par la fumée du tabac et où, de sept heures à minuit, un piano ne cesse de faire entendre sa plainte obstinée.

Tous les quartiers de Paris ont aujourd'hui leurs cafés-concerts. Celui dit du *Géant*, sur le boulevard du Temple, n'est pas un des moins caractéristiques : il y paraît des femmes habillées en hommes, des petites filles de huit ans, toutes sortes de prodiges. Celui de la rue de la Lune, qui s'annonce par des lanternes chinoises, est tenu par M. Moka, un personnage excentrique. Les jeunes gens du quartier Latin vont au café chantant de la rue Contrescarpe-Dauphine, qui est le même que celui de la rue Madame. Enfin, cour des Bleus, rue Saint-Denis, rue Saint-Martin, rue Mandar, on n'entend que le bruit des roulades, on ne voit que le feu des lustres, mêlés au feu et au bruit des pipes et des chopes.

Ainsi s'essaye-t-on à divertir la population flottante de Paris, clientèle de toutes les industries équivoques, écume de toutes les sociétés bouillonnantes, joueurs ruinés, amoureux las du tête-à-tête, vieillards las de la solitude, grands politiques inédits et manqués, pauvres diables fuyant la rêverie, passant de la musique au sommeil et retombant du sommeil dans la musique, afin de se soustraire aux heures transitoires qui appartiennent au malheur, débauchés philosophes, honnêtes gens désespérés, buveurs réfléchis. — Ah ! qu'il y aurait une longue étude à écrire sur toutes ces tristesses ambulantes, qu'on heurte sans les comprendre et dont on est troublé malgré soi, énigmes proposées par le hasard, intelligences s'en allant on ne sait où, comme ces bouteilles cachetées qui voguent sur la mer et qui promènent d'un pôle à l'autre les mystères d'une existence !

L'AMOUREUX D'UNE OMBRE CHINOISE

Les *Ombres Chinoises* ont presque absolument manqué d'historiens, malgré le rang exceptionnel et bizarre qu'elles occupent dans les annales du théâtre. Bien peu de critiques se sont inquiétés jusqu'à présent de ces drames découpés en noir sur un fond lumineux, de ces petits personnages profondément fantastiques qui n'appartiennent ni à la classe des marionnettes, ni au peuple grossissant et multicolore des lanternes magiques.

Celui sur qui nous avions longtemps compté pour remettre les ombres chinoises en honneur, le seul d'entre nous qui parût spécialement apte à ce travail, c'était Édouard Ourliac, qui avait la parade et l'amour des *fantoccini* passés dans le sang. Édouard Ourliac avait publié dans le *Journal des Enfants* une série de proverbes picaresques et napolitains, qui témoignaient d'une vive connaissance du fil d'archal et du ressort.

On rencontrait souvent, bien souvent, Édouard Ourliac assis dans un petit coin du théâtre Séraphin, près du joueur de piano qui figure l'orchestre. Il était révérencieusement attentif, et ses yeux non plus que ses oreilles ne quittaient la scène d'un instant. Il avait le rire approbateur; et quelquefois il assista à deux représentations dans la même soirée.

Mais aujourd'hui l'auteur des *Nazarille* est mort, mort ainsi que Charles Nodier, qui, lui aussi, avait de naïves tendresses pour le poëme du *Pont cássé.*

Depuis des années, nous hantons la salle Séraphin et nous y goûtons de l'agrément comme une nourrice, de l'agrément sans remords et sans paradoxe. Jamais, au sortir de la *Chasse aux canards*, la moindre pensée mauvaise ne nous est venue ; l'*Ane rétif* a toujours laissé notre conscience pure et fraîche. Les pièces du long des boulevards, où l'on se tue et où l'on crie, ne sauraient donner ce sommeil baigné d'innocence, à peine agité par une douzaine de silhouettes légères qui dansent en rond sur notre estomac.

Nous avons été, pendant six mois, amoureux d'une petite ombre chinoise, qui avait un profil délicieux, et, en guise d'œil, un trou par où passait la flamme de la coulisse. Sa bouche était mécanique, et s'ouvrait et se refermait avec un sourire que nous n'avons jamais trouvé que chez elle. De plus, elle possédait un corsage dessiné supérieurement, une taille à fourrer dans une bague chevalière, et un jupon court qui montrait deux pieds du Céleste-Empire. Ainsi bâtie, babillarde et leste, elle nous ravissait l'âme. On distinguait à peine le fil qui la faisait mouvoir par en bas.

C'était une ombre chinoise toute neuve. Elle avait dû coûter quelque chose comme six francs.

Je l'avais vue débuter par le rôle de Fanchon, la marchande de bouquets, dans les *Cris de Paris*, cette pièce où j'ai toujours remarqué deux vers adressés à Polichinelle par un faraud, en costume de Cadet Buteux :

> Si le cuir de tes reins a besoin qu'on le tanne,
> Mon pied pour t'obliger fera l'offic' d'un' canne.

Elle eut beaucoup de succès, et elle chanta le couplet final de manière *à enlever les suffrages*. Dans mon enthousiasme, j'allai jusqu'à lui jeter un bouquet qui rebondit sur la toile transparente...

Depuis cette soirée, je ne manquai pas une seule de ses représentations. Parfois il me semblait qu'elle me saluait et me souriait imperceptiblement, lorsqu'elle se tournait de mon côté.

Il est vrai que chaque fois, claqueur solitaire, je ne manquais jamais de lui faire une *entrée*.

C'était une grande actrice. Elle avait de la verve, de la mémoire, quelques traditions ; elle savait principalement se tourner, ce qui est l'écueil des ombres chinoises inexpérimentées. Sur ma conscience, je crois qu'elle eût fait dans l'avenir un des talents les plus remarquables de Paris.

Pour moi, j'en étais devenu fou. Je fis tout mon possible pour obtenir mes entrées dans les coulisses. Ce fut en vain. Je lui écrivis plusieurs billets doux qui restèrent tous sans réponse.

Cet état de choses durait depuis quelques mois, lorsque, un soir d'avril dernier, à mon vif étonnement, je vis paraitre dans les *Cris de Paris* une autre Fanchon que ma Fanchon, une autre bouquetière que ma bouquetière. Les mains m'en tombèrent. La débutante était massive, engoncée, sans grâce, sans tournure; ses bras jouaient à tort et à travers; elle remuait sans raison le menton et les jambes. Et puis son œil était si mal percé!

Je n'attendis pas la fin de la pièce pour me précipiter hors de la salle, et je réclamai le régisseur.

Le régisseur, qui était l'ouvreuse, arriva.

Hélas! il m'apprit que mon ombre chinoise était morte, morte sans rémission! L'avant-veille elle s'était cassé un ressort; et le directeur, ne voulant pas faire la dépense d'un raccommodage, l'avait supprimée et remplacée par la petite malheureuse que je venais de voir.

Un soupir sortit de ma poitrine, et je jurai de n'avoir plus désormais aucun amour de théâtre.

LE DÉGEL DE M. SCRIBE

Il vous souvient comment en haute mer Pantagruel ouït diverses paroles dégelées : « Ici est le confin de la mer glaciale, dit Rabelais, sur laquelle fut au commencement de l'hyver dernier grosse et felonne bataille. Lors gelèrent en l'air les paroles et cris des hommes et femmes, les chapelis des masses, les hurtits des harnois, les hennissemens des cheveaux et tout autre effroy de combat. A cette heure, la rigueur de l'hyver passée, avenante la sérénité et tempérie du bon temps, elles fondent et sont ouïes. »

Pantagruel, frère Jean et Panurge en ramassent quelques-unes qui, fondant entre leurs mains, rendent les sons suivants : « *Hin, hin, hin, hin, his, ticque, torche, lorgne, brededin, brededac, frr, frr, frr, bou, bou,*

bou, bou, bou, bou, bou, bou, tracc, trucc, trrr, trrr, trrr, trrrrrr, on, on, on, on, on, ououououou, goth, magoth. »

Eh bien, il m'est arrivé, l'autre soir, même aventure qu'à Pantagruel. Ce n'était pas sur une nauf, c'était à la Comédie-Française ; — ce n'était pas dans la mer glaciale, c'était à la représentation des *Rêves d'amour*.

Rêves d'amour! quel plus beau et quel plus charmant titre que celui-là ! Il rappelle Shakspeare et le *Songe d'une nuit d'été;* il fait passer devant les yeux de grands parcs tout inondés par le clair de lune. — Et pourtant je m'endormis à *Rêves d'amour;* mes paupières se fermèrent vers le commencement du deuxième acte, au moment où l'acteur Saint-Germain proférait cette douce plaisanterie : « Je rentrai dans mon silence et dans mon fauteuil. »

Et j'eus une vision, une vision que les conteurs fantastiques (à propos, que sont devenus les conteurs fantastiques?) ne m'envieront pas. Je vis distinctement, dans un cadre qui était tantôt un salon jaune, tantôt un bosquet, tous les personnages de l'œuvre complète de M. Scribe, rassemblés comme pour une fête. C'était la piquante veuve de l'*Héritière*, madame d'Hérigny; c'était l'irrésistible M. de Thémines, des *Malheurs d'un amant heureux;* c'était le jeune et honnête Victor, de la *Mansarde des artistes;* c'était le sémillant Senneville de *Ketly, ou le Retour en Suisse;* c'étaient des colonels de vingt-cinq ans coiffés à la neige, des officiers de marine « étouffant leur secret, » des chasseurs ridicules, des notaires sensibles, des invalides au port d'armes, des petites filles grondant de vieux serviteurs, de belles mamans égratignant des harpes; — et des toilettes! des écharpes! des ceintures! des boas! des dessous de pied! des chapeaux-tromblon! des collets de carrick!

Tous ces personnages gardaient des postures roides, comme s'ils eussent fait partie d'un musée de figures de cire; je crus deviner que, depuis plusieurs années, ils avaient été saisis par le froid — de la critique. Mû d'une généreuse pitié (dans mon rêve), je mis le feu à une collection de journaux qui se trouva par hasard sous ma main. Combien j'eus à me repentir de ce bon mouvement!

Les paroles de ces personnages dégelèrent; et ce fut au bout de quelques instants un vacarme des plus horrifiques. Mille petites phrases, hachées menu comme chair à pâté, tombèrent sur le sol, en même temps qu'une grêle de points de suspension et de points d'exclamation. Les : « O ciel!... Achevez... Que signifie?... Pas un mot de plus... Il se pourrait... Oui, c'est une idée... Si elle se doutait... Il n'y a pas une minute à perdre... Ces lettres... A la petite porte du parc... Vous voulez donc me déshonorer?... Ce cabinet a deux issues... Grâce pour lui... Toujours moqueuse et enjouée... Vous permettez... Je ne me trompe pas... C'est elle que j'aperçois dans l'avenue... Il ne faut pas qu'elle me trouve ici... Il n'est plus temps! » se succédèrent pendant une demi-heure, sans qu'il me fût possible de faire autre chose que de me boucher les oreilles.

Cette première bourrasque passée, des périodes entières se mirent à dégeler. Je sentis tomber sur mon front le fameux : « Souffrir et se taire, sans murmurer! » de *Michel et Christine*. J'entendis éclater dans l'air le retentissant : « Quoi qu'il advienne, ou qu'il arrive! » du grand trio des *Huguenots*.

Peu à peu des rencontres s'opérèrent; des dialogues se renouèrent, par fragments. Deux jeunes femmes s'avancèrent en causant. Je les reconnus pour les avoir vues dans les *Contes de la reine de Navarre;* c'étaient la princesse Marguerite et l'infante Isabelle de Portugal. Elles s'exprimaient de la sorte :

« ISABELLE. — Vous voilà, madame; vous ne m'abandonnerez pas?

« MARGUERITE. — Non, sans doute, pauvre jeune fille!... Qui m'aurait dit que j'étais venue pour cela?... N'importe, de la morale, chemin faisant, cela ne peut jamais faire de mal. Vous êtes fiancée... pour ainsi dire mariée; vous avez pour mari un roi, un empereur... Ce n'est pas amusant tous les jours... mais faute de mieux... il faut s'y tenir... d'autant que les amants, vous le voyez, sont légers.

« ISABELLE. — Ah!

« MARGUERITE. — Perfides...

« ISABELLE, *se récriant.* — Ah!

« MARGUERITE. — Volages, » etc., etc.

Elles continuèrent à dégeler; mais je ne jugeai pas à propos de les écouter plus longtemps. Je me tournai du côté de la petite présidente des *Trois Maupin*, qui disait goutte à goutte : « J'ai une amie extrêmement peureuse... tout le monde peut l'être. »

Ferville, se rappelant son rôle de Darcey dans *Dix ans de la vie d'une femme*, murmurait : « Cet ami avait épousé sa femme de passion; elle était loin d'y répondre. »

Le dégel des monologues fut plus lent. Un personnage du *Diplomate* parvint cependant, non sans peine, à reconstruire le couplet que voici :

AIR des Amazones.

J'aime la guerre, et, morbleu, je m'en flatte !
Dans la balance du combat,
La plume d'un bon diplomate
A moins de poids que le fer d'un soldat.
Sur le papier toujours prêts à combattre,
Et toujours prêts à vous exterminer,
Vous raisonnez, mais sans jamais vous battre.
Nous nous battons, sans jamais raisonner ! (*Ter.*)

Par un instinct que je ne saurais expliquer et que rien n'excuse, j'allais crier *bis*, — lorsque je me réveillai en sursaut. On finissait *Rêves d'amour*.

Hélas ! M Scribe n'avait pas dégelé.

LE PEINTRE DES MORTS

Comme la nuit j'ai peur du diable
Et que je crains les revenants,
Je mets la chandell' sur la table
Et je ferme les contrevents.

Ces vers d'une chanson campagnarde sont rentrés dans ma mémoire un soir de la semaine dernière, pendant que l'on causait fantômes et seconde vue chez un de nos collègues. On avait vidé le sac aux effrois et rappelé des choses terribles : les apparitions du boulanger François, les chasses du grand veneur de Henri IV, les fièvres chaudes de Guilbert de Pixérécourt. Chacun de nous, plus ou moins, s'était senti tirer les pieds passé minuit, ou avait vu — comme je vous vois — une figure blanche au pied du lit accoudée.

La conversation, toute frissonnante, s'en allait de la sorte, tour à tour provoquant l'incrédulité ou forçant la foi, lorsque le musicien V... fut amené à raconter une histoire très-étonnante et très-effrayante, malgré son côté goguenard, ou plutôt à cause précisément de son côté goguenard.

La voici :

— Mon père était, comme vous le savez, un peintre intelligent et estimable; on l'appelait souvent pour peindre les gens après leur mort, triste spécialité dans laquelle il avait réussi à se faire une réputation. Il m'emmenait quelquefois avec lui pour m'aguerrir, disait-il, mais plutôt, je crois, pour s'aguerrir lui-même, et aussi pour l'aider dans ses funèbres préparatifs.

Ordinairement il faisait la barbe aux défunts, avant de les peindre; il les cravatait quand c'étaient des hommes, il leur peignait les cheveux et leur *faisait la raie.* Aux femmes, il mettait des chapeaux à plumes, des colliers, des gants; il leur frottait les joues avec de l'esprit-de-vin pour rappeler les rougeurs évanouies.

Un jour, mon père fut mandé par un riche étranger, un Russe, dont la femme venait de mourir. « Allons, petit, donne-moi ma boîte à couleurs et viens avec moi. » J'aurais autant aimé rester à jouer du violon, mais je n'avais pas le choix. En sortant, mon père me mit sous le bras un roman qui venait de paraître et qui faisait quelque bruit, le *Cocu*, par Paul de Kock.

Arrivés à la maison mortuaire, nous trouvâmes le Russe en proie à la plus vive douleur; il nous conduisit en sanglotant auprès du lit de la morte, et nous eûmes toutes les peines du monde à lui faire comprendre qu'il fallait absolument qu'il se retirât afin que nous pussions travailler. Une fois seuls, mon père disposa la dame, la coiffa d'un bonnet à rubans et lui plaça un bouquet de roses au sein. Je la vois encore: c'était une personne imposante et de grande taille; elle semblait respirer, et de temps en temps se dégageaient encore les derniers *glouglous* de la vie. Mon père me fit asseoir sur le lit, à côté d'elle, et, m'ordonnant de la tenir soulevée sur son séant en l'enlaçant d'un bras, il me dit de lui lire le roman que j'avais apporté.

Je me souviens que la journée était magnifique, et que par une fenêtre ouverte il nous arrivait un soleil éblouissant. Mais ce beau temps et les joyeusetés du *Cocu*, que je lisais sans interruption, ne parvenaient pas à détourner mon esprit de ce cadavre que je serrais contre moi. Il me semblait qu'il y avait dans cette lecture faite à l'oreille d'une morte quelque chose de sacrilége. Je n'étais pas rassuré, et lorsque, après deux heures de séance, je descendis enfin du lit, je crus que mes pieds étaient devenus de marbre. Mon père me plaisanta beaucoup sur ma pâleur, — et il m'enjoignit de faire une corne à l'endroit du roman où nous en étions restés...

Ici le musicien s'arrêta comme quelqu'un qui hésite.

— Est-ce tout ? lui demandai-je.

—Non, répondit-il ; l'histoire a un dénoûment, et ce dénoûment, c'est toute l'histoire. Mon père, qui était un esprit fort, méritait d'être puni. Il le fut, en effet, mais d'une manière épouvantable, terrifiante. Appelez cela vision ou cauchemar, toutefois est-il que ses cheveux, de gris qu'ils étaient, devinrent blancs au bout d'une semaine. C'est que pendant une semaine, toutes les nuits régulièrement, la princesse russe revint lire à mon père le *Cocu*, de Paul de Kock.

UNE VISITE A PAUL DE KOCK

Je ne pense pas être ridicule ou trivial en avouant ma sympathie littéraire pour le romancier Paul de Kock. J'aime ce talent naïf, ce style clair, cette goguette perpétuelle, — et aussi ce vrai sentiment des qualités morales qui font l'homme vertueux. Son œuvre n'a pas d'équivalent dans les littératures étrangères, et c'est à regretter : chaque nation devrait avoir son Paul de Kock, c'est-à-dire son peintre de réalités amusantes et bourgeoises. Je comprends parfaitement l'admiration des Anglais, — peuple sagement curieux, — pour l'auteur de *Mon voisin Raymond*.

Aujourd'hui, je ne veux que raconter une anecdote de jeunesse, où le nom et la personne de cet auteur remarquable se trouvent mêlés.

C'était plusieurs années avant la chute du roi Louis-Philippe, au temps des folies amoureuses du quartier Latin. Nous étions une nichée entière installée dans un hôtel de la rue de l'Éperon, faisant de la musique, du droit, de la peinture ; le hasard seul nous avait réunis, et, empressons-nous de le déclarer, jamais l'idée ne nous vint de nous organiser en cénacle. D'ailleurs, il y en avait de fort bêtes parmi nous.

Deux ou trois filles d'Ève, qui n'étaient pas plus laides que d'autres, et à qui nous prêtions une poésie — qu'elles ne nous rendaient pas,— venaient souvent enjouer cette demeure. Une d'elles, qui depuis s'est fait épouser par un restaurateur, me charmait particulièrement par l'ardent éclat de ses yeux noirs, la rébellion constante de ses cheveux épais et la sonorité de son rire. Mon cœur d'opéra-comique palpitait rien qu'à l'entendre, à certaines heures, heurter de son doigt impérieux à la porte de la chambre n° 15. — Hélas ! j'habitais la chambre n° 14.

Cette belle fille, j'ai un peu de honte à le dire, s'appelait d'un nom réprouvé par la grande littérature. Au lieu d'avoir été tenue sur les fonts baptismaux par quelque conteur d'Espagne ou d'Italie, et de s'appeler Rosalinde, Penserosa, Belcolor ou Carmosine, la pauvre enfant, qui n'avait jamais vu de *romantiques* autrement qu'en lithographie noire, se laissait nommer vulgairement Fifine, — comme dans *Sans cravate*, de Paul de Kock.

Fifine ! — Ce nom rappelle toute une époque, toute une manière, une humeur évanouie à présent, la gaieté des employés en vacances, Cupidon monté sur un âne dans le bois de Montmorency, des capotes roses, des ombrelles vertes, des brodequins de coutil ; et puis aussi des mansardes invraisemblables, où l'on ne marche en hiver que sur des peaux d'oranges, et où le bonheur croît paisiblement sous l'emblème d'un pois de senteur planté dans une écuelle.

Fifine devait son nom au caprice de quelques-uns d'entre nous, partisans fanatiques des belles-lettres égrillardes et lecteurs des romans édités par Barba. Nous avions pris un abonnement collectif chez madame Cardinal, la célèbre libraire de la rue des Canettes ; c'était Fifine qui était chargée de nous apporter chaque soir les romans dont nous avions dressé la liste en conseil suprême. — Après quinze ans, je retrouve une de ces listes, expression curieuse et fidèle de nos tendances littéraires ; je la donne sans y changer une syllabe. On sait que les statuts des cabinets de lecture interdisent d'emporter plus de deux ouvrages à la fois.

« Demander *André le Savoyard*, par Paul de Kock ; *Gustave ou le Mauvais Sujet*, par le même.

« Au cas où ces ouvrages seraient en lecture, demander :

« *Sœur Anne*, par Paul de Kock ;

« Ou l'*Enfant de ma femme*, par le même ;

« Ou la *Laitière de Montfermeil*, par le même ;

« Enfin, en désespoir de cause :

« Les *Amours du chevalier de Faublas*, par Louvet ;

« Le *Compère Mathieu*, par Du Laurens ;

« Les poésies de Mollevault, de l'Académie française;

« *Cyprien, ou le Petit Fumiste de neuf ans*, par madame Ulliac-Trémadeure. »

On devine aisément que Fifine s'arrangeait toujours de manière à nous apporter du Paul de Kock — quand même. Nous lui sautions au cou pour sa peine ; et celui de nos camarades dont l'organe rappelait le mieux M. Mennechet, ancien lecteur ordinaire de S. M. Charles X, s'empressait immédiatement de nous initier aux délices du roman nouveau. Cette littérature toute pacifique n'amena jamais chez nous les collisions funestes qui ensanglantèrent les premiers âges du romantisme. Nous nous amusions comme de simples marmitons, laissant à de plus dignes le soin de décider entre la comédie et le drame, entre l'hémistiche brisé et l'alexandrin à la Dombasle.

Ce qui devait arriver arriva pourtant. Un jour, nous nous trouvâmes au bout de la collection complète des œuvres de notre romancier. Grande fut la désolation. Comment allions-nous pouvoir vivre maintenant? A quel autre écrivain fallait-il avoir recours? Pendant trois ou quatre mois environ, nous flottâmes de Ricard à Raban, et de Raban à Maximilien Perrin ; mais ce n'étaient là que des équivalents bien faibles. Ricard nous faisait rire, et c'était tout; Raban nous paraissait grossier; Maximilien Perrin nous ennuyait. Nous essayâmes du baron de Lamothe-Langon, dont les titres nous alléchaient, et qui avait conquis une sorte de réputation dans les classes intermédiaires; mais nous ne pûmes finir le *Ventru*, et nous n'allâmes pas au delà du premier volume de *Monsieur le Préfet*. Le compilateur Touchard-Lafosse nous rebuta, et nous nous lassâmes de Victor Ducange. Après avoir de la sorte parcouru la série des illustrations de cabinet de lecture, nous retombâmes dans notre perplexité et conclûmes désespérément qu'il n'y avait rien en deçà ni au delà de Paul de Kock, et que *la Femme, le Mari et l'Amant* représentaient les colonnes d'Hercule de la littérature au dix-neuvième siècle.

Nous nous rappelions surtout ce passage inimitable, où l'auteur, se substituant à ses personnages, nous communique en ces termes ses ingénieuses et piquantes réflexions : « Je suis au spectacle... j'aime beaucoup le spectacle... surtout quand on y joue de bonnes pièces et que je suis bien placé. On n'est pas encore près de commencer... On est si long dans ces théâtres de boulevard! En attendant, et pour nous occuper, examinons un peu mes voisins. C'est une distraction très-agréable quelquefois. Ah! j'ai à ma gauche une fort jolie femme... j'aime beaucoup les jolies femmes... Mais un gros homme à lunettes se penche à chaque instant vers elle et lui parle d'un air qui me déplait... Je n'aime pas les gros hommes à lunettes... Celui-là surtout m'agace les nerfs... je ne sais trop pourquoi... Que l'homme est souvent bizarre dans ses antipathies!... Continuons mon examen...»

Que dire après cela? Où trouver narration plus intéressante, style plus précis? Fifine principalement était inconsolable, et, dans sa douleur, elle ne parlait rien moins que de nous apporter le *Solitaire*.

Cette année-là justement, le hasard ou la fatalité voulut que Paul de Kock ne produisit rien, rien du tout. Le dieu s'était retiré dans un nuage. Après avoir patienté autant qu'il nous fut possible, nous primes enfin une décision sérieuse : nous résolûmes de nous rendre en solennelle ambassade auprès de lui, à cette fin de le conjurer de reprendre la plume; — et nous fixâmes pour cette expédition le dimanche suivant.

Ce jour-là, le soleil avait fait sortir tous les Parisiens de leurs maisons; une foule joyeuse se portait vers la barrière; *le commis à quinze cents francs d'appointements donnait le bras à la petite ouvrière;* le marchand de la rue aux Ours marchait gravement, escorté de sa femme, *une grosse dondon encore appétissante*, et de sa fille, une grande innocente qui n'osait lever les yeux. Tous ces gens-là se promettaient un plaisir infini, et dans le fond ils n'avaient pas tort, car *quoi de plus doux en effet que les plaisirs de la campagne* (style du maitre)?

Notre petite colonie, composée de sept personnes, s'était mise en route avant midi. Fifine ouvrait la marche, enveloppée avec ostentation dans un de ces longs châles, imitation de cachemire, inventés pour le triomphe de la ligne serpentine. Elle avait un bonnet à rubans lilas, — le dernier bonnet de grisette! — et des souliers de *satin turc* comme on n'en porte plus. Dodolphe l'accompagnait; car partout où il y a une Fifine il faut un Dodolphe, c'est de rigueur.

Venaient ensuite la *blonde et sentimentale* Estelle, belle enfant de vingt-huit ans, coiffée en tire-bouchons, avec le *petit musicien* Anatole, dont elle avait fait connaissance au bal de Sceaux, où il jouait de la clarinette; — puis Nini et *son bon ami* Robinet, que l'on avait chargé de quelques provisions, afin qu'il ressemblât tout à fait à M. Bidault, facétieux personnage des premiers chapitres de *M. Dupont ou la Jeune Fille et sa Bonne.*

Nous arrivâmes ainsi au boulevard Saint-Martin, où demeurait M. Paul de Kock. Après avoir pendant quelques minutes contemplé sa maison avec sensibilité, nous nous décidâmes à en franchir le seuil. Il fut arrêté que je porterais la parole au concierge en l'appelant *monsieur*, — et non *père chose*, ainsi que l'eût souhaité Fifine pour plus de couleur.

— M. de Kock? demandai-je, après avoir salué révérencieusement.

— Lequel? répliqua le concierge.

Je me retournai plein d'ébahissement vers mes camarades, et je remarquai sur leurs visages une surprise égale à la mienne.

Cependant ce concierge, croyant que je n'avais pas entendu, répéta en haussant d'une note :

— Lequel ? le père ou le fils ?

— LE SEUL ! s'écria Fifine, avec une pose et un accent superbes.

Le portier fasciné eut l'air de comprendre, et nous indiqua l'escalier.

Trente marches après, nous nous rangions sur le palier, et deux minutes ensuite nous étions face à face avec le grand homme.

Il était vêtu d'une robe de chambre brune à ramages chocolat, comme les dentistes, et sa tête était ornée d'un bonnet grec. Notre démarche parut le flatter infiniment, et en reconnaissance il nous montra sur son bureau les épreuves de *Ce Monsieur !* qui allait paraître. Nous nous jetâmes dessus avec un enthousiasme — qui amena un éclair d'orgueil dans sa prunelle.

Ce premier moment écoulé, j'invitai, au nom de mes camarades, M. Paul de Kock à un simulacre de banquet chez Passoir. Après s'être défendu avec beaucoup de grâce, M. Paul de Kock finit par accepter. — Les vitres de son appartement résonnèrent au bruit prolongé de nos joyeux hurras.

J'avais été chargé de l'ordonnance et des dispositions de cette fête, et j'avais cru ne pouvoir faire mieux que d'en calquer le dessin sur les principaux romans de M. Paul de Kock lui-même. Tous les chapitres où l'on mange, où l'on folâtre, avaient donc été compulsés par moi avec un soin remarquable, et j'en avais extrait les éléments d'un programme qui, à mon sens, devait tout à fait chatouiller son amour-propre d'auteur.

M. Paul de Kock ne nous avait demandé qu'un quart d'heure pour changer de toilette. Il revint avec un pantalon blanc et un habit vert russe. Ce fut le signal du départ.

Arrivés chez Passoir, nous nous installâmes sous un berceau, dont les branches entrelacées *formaient un dôme impénétrable aux feux du jour*. M. Paul de Kock occupait le haut bout de la table, — ayant Fifine à sa droite et Dodolphe à sa gauche.

— Voilà un des plus beaux jours de ma vie! murmura-t-il.

Mais, lorsqu'il s'agit de vider la première rasade :

— Qu'est-ce que c'est que cela? demanda-t-il en portant le verre à ses lèvres.

— C'est du coco, répondis-je.

— Comme dans *Jean*, dit Fifine.

— Comme dans *Frère Jacques*, dit Anatole.

— Ah! très-bien!... dit M. Paul de Kock en faisant la grimace... une flatterie! je comprends... je comprends... Mais j'aime mieux le vin rouge.

Je fus un peu désappointé; néanmoins mon programme gardait d'autres merveilles en réserve. Je comptais surtout sur une salade, plaisamment saupoudrée de chenilles, comme dans *Monsieur Dupont*, au chapitre intitulé : *Un dîner dans le bois de Romainville;* mais cette seconde allusion eut encore moins de succès que la première. La macédoine d'insectes alla rejoindre le coco.

Malgré cela, le dîner fut excessivement joyeux, et le vin de Beaune n'attendit pas longtemps pour venir mettre le feu à nos cerveaux, transformés en rosaces d'artifices. Je devins pyrotechnique comme Méry de Marseille : je fis tournoyer l'artichaut scintillant de ma pensée, — et Dodolphe lança quelques bombes paradoxales qui retombèrent en pluie de calembours !

Dans notre commune ferveur, nous nous étions débaptisés tous, pour emprunter les noms favoris des héros de M. Paul de Kock : Bribri, Troutrou, Mistigri, Pétard, Rocambolle, Verluisant. Cet hommage délicat le toucha aux larmes.

Jusqu'au dessert, il se laissa doucement aller à ces jeux de l'esprit, répondant et mangeant, souriant à tous, à l'aise dans sa gloire comme le poisson dans l'eau; tandis que Fifine, cédant à un besoin de familiarité excessive, lui frappait sur l'épaule en l'appelant : — Farceur !

La blonde Estelle, plus sentimentale que jamais, tournait les yeux vers lui, et répétait deux de ses vers, remarquables de limpidité philosophique :

Oui, pour un cœur enclin à la mélancolie
Ce site romanesque est plein de poésie [1].

[1] *Contes en vers* de Ch. Paul de Kock.

Ce fut ce moment d'expansion unanime que je choisis pour donner suite à mon programme et pour procéder au *couronnement* de l'illustre auteur. Le myrte et la rose s'unirent sur son front égayé; ce fut Fifine qui s'érigea en Clairon de cet autre Voltaire. J'avais composé le matin un hymnicule sur l'air célèbre : *O Fontenay!*

L'attendrissement qui suivit ces stances ne peut se décrire qu'avec peine. Dans les brusques mouvements de son exaltation, Dodolphe renversa un plat d'épinards au sucre sur le pantalon blanc de M. Paul de Kock.

— Comme dans *Zizine!*

— Comme dans *Madeleine!*

— Comme dans *Georgette, ou la Nièce du tabellion!*

Force fut à M. Paul de Kock de se consoler de cet accident — avec des citations. Il s'essuya de son mieux et fit bonne contenance. D'ailleurs, le diner était arrivé à cette période où l'indulgence est chose facile. Cependant, craignant d'être entraîné trop loin par l'imitation complète de ses œuvres, il refusa avec énergie de nous suivre au jeu de la balançoire.

— Quel dommage! dit Estelle, c'eût été comme dans *Un jeune homme charmant!*

— Ou comme dans *Ni jamais ni toujours!*

— Alors, il faut faire des crêpes! s'écria Fifine en frappant ses mains l'une contre l'autre.

— Oh! oh! dit M. Paul de Kock, des crêpes... dans un jardin!

— Nous demanderons un cabinet.

Décidément, le jovial écrivain portait la peine de ses propres ouvrages. Après avoir savouré la popularité dans ce qu'elle a de plus doux, il voyait poindre déjà les inconvénients du fanatisme. Trop de beaune gâte tout ! A force de faire sauter des crêpes dans la poêle, M. Paul de Kock sentit subitement se déchirer son pantalon, — épisode qui détermina parmi nous une bruyante explosion d'hilarité :

— Comme dans *Un bon enfant !*

— Comme dans l'*Homme aux trois culottes !*

— Comme dans la *Jolie Fille du faubourg !*

— Comme dans le *Tourlourou !*

Ici, tout le catalogue de ses romans fut égrené et défila. En effet, il n'est pas un seul volume de M. Paul de Kock où le héros n'ait un pantalon *craqué* sous lui.

De ce moment, notre joie ne connut plus de bornes, et nous entrâmes dans la série des extravagances toutes françaises. Fifine, s'acharnant après le fameux auteur, l'appelait *Plume de Coq* et *Poule de Coq*. Féroce d'admiration, Anatole lui déroba un pan de son habit vert russe, en manière de relique...

Il était nuit close lorsque nous le reconduisîmes chez lui, en triomphe. Dodolphe voulait absolument bassiner son lit, — comme Férulus dans la *Maison blanche ;* et Fifine proposait d'attacher au cordon de sa sonnette le chat du concierge, — comme dans l'*Homme de la nature et l'Homme policé*.

COMME QUOI L'HOMME DE LETTRES BOURGOIN

RENONÇA DÉFINITIVEMENT A ÉCRIRE DES CHEFS-D'ŒUVRE.

I

Il se dit un jour : — Ah bah !

Et cependant, ce jour-là, il s'était levé plein de bonnes résolutions, ni trop tôt ni trop tard ; le soleil avait fait le premier pas, il avait fait le second ; tous les deux s'étaient rencontrés dans l'eau étincelante d'un lavabo. Puis, le front rafraîchi, l'œil égayé, la lèvre saine, il avait traîné sa table auprès de la fenêtre ; il avait apprêté sur cette table une certaine quantité de feuilles de papier, larges et blanches à ravir ; il avait placé à côté de ces feuilles de papier cinq ou six plumes d'oie, d'une belle couleur d'ambre et taillées à point. Le tout était dominé par une curieuse écritoire en faïence coloriée, monumentale comme une bastille.

D'engageants préparatifs, comme vous voyez.

Et puis, l'homme de lettres Bourgoin s'était assis.

Et, insensiblement, il avait penché sa tête sur le papier ; insensiblement aussi, il avait commencé à tracer quelques caractères d'une écriture calme comme son âme, régulière comme sa conscience. — Mais, au bout d'un quart d'heure environ, son front s'était plissé, son regard était devenu inquiet, et, s'interrompant tout à coup dans son travail, il s'était écrié, comme l'homme à la sonate, comme Fontenelle : « Chef-d'œuvre, que me veux-tu ? »

II

« Chef-d'œuvre, que me veux-tu ? — répéta doulou-
« reusement l'homme de lettres Bourgoin ; pourquoi
« me solliciter encore ? pourquoi, chaque matin, reve-
« nir me tirer par un pan de ma robe de chambre ? —
« Je t'ai déjà dit que j'entendais n'avoir rien de com-
« mun avec toi ; cesse de me tourmenter ; laisse-moi
« tranquille, une fois pour toutes.

« Un chef-d'œuvre, à quoi bon ? N'avons-nous pas
« assez de chefs-d'œuvre comme cela ? Est-ce donc une
« denrée qui manque ? J'en aperçois de tous les côtés,
« des plus radieux et des plus estimables ; le dix-neu-
« vième siècle, pour sa part, en a une provision
« énorme : vienne la mauvaise saison, viennent la sé-

« cheresse, la famine et le réalisme, — ses greniers « sont remplis. Mettons-y un peu de discrétion, que « diable !

« J'ai mille raisons pour ne pas écrire de chefs-d'œu- « vre. Ma santé d'abord; c'est quelque chose, cela. Le « chef-d'œuvre est particulièrement nuisible à l'esto- « mac; il est la source des plus effroyables désordres; « — il étreint les tempes, il suspend la respiration, il « enflamme le sang et le fait affluer au cœur. Par lui, « l'œil se cave et le regard devient fixe. Trop heureux « s'il ne vous courbe pas avant l'âge ou s'il ne vous « brise pas du premier coup !

« Si encore mon siècle n'exigeait de moi qu'un chef- « d'œuvre — un seul ! — je pourrais peut-être me dé- « cider à le faire. Autrefois, le chef-d'œuvre était un « des pseudonymes de la paresse : on avait fait un « chef-d'œuvre, et tout était dit; on se reposait. Mais, « aujourd'hui, les coutumes sont bien changées, et le « chef-d'œuvre appelle le chef-d'œuvre. Que je m'ar- « rête en route, tout le monde me harcellera et se met- « tra en travers de mon loisir. — Que fait-il mainte- « nant ? se demandera-t-on. — Rien, se répondra-t-on. « Et l'on se croira le droit de s'étonner, de s'indigner « même. Les plus bienveillants, me voyant survivre à « mon chef-d'œuvre, me traiteront de vieille bête.

« Le chef-d'œuvre me gênerait pour marcher, pour « m'habiller, pour saluer, pour m'asseoir, pour jouer « aux dominos. Un bourgeois ne s'imaginera jamais

« combien c'est fatigant d'avoir toujours devant soi le « spectre de la postérité. Je ne m'appartiendrais plus, « j'appartiendrais à mon chef d'œuvre. Il serait mon « censeur, mon tyran. Il me brouillerait avec tous mes « amis ; il me fermerait toutes les issues, et empêche- « rait tous mes projets de fortune. Dès que j'aurais « écrit un chef-d'œuvre, on ne me croirait plus bon à « rien; on me montrerait au doigt, en disant : — Oh ! « celui-là a su faire son chemin, celui-là s'est créé une « position.

« Le chef-d'œuvre, une position !

« Mais le chef-d'œuvre, au contraire, est le clairon « sonore et déchirant qui va réveiller les créanciers en- « dormis au fond de leurs registres ! Le chef-d'œuvre « est la fanfare imprudente de la pauvreté ! »

III

Ici, l'*homme* de lettres Bourgoin arrêta les flots de son éloquence.

Il avait cru entendre un léger soupir. Il se leva et il alla, sur la pointe du pied, écarter l'épais rideau d'une alcôve où dormait une jeune et belle femme, la tête abandonnée sur un bras éblouissant, — lèvres entr'ouvertes, cheveux déroulés.

L'homme de lettres Bourgoin la contempla pendant quelques minutes.

« Non, je n'écrirai pas de chef-d'œuvre, continua-
« t-il en laissant retomber le rideau avec précaution.

« Le chef-d'œuvre est jaloux et exclusif ; il n'admet
« la femme que comme un sujet d'étude ; il m'empê-
« cherait d'adorer cette enfant si charmante et si per-
« verse ; — ou, s'il me permettait de l'adorer en l'étu-
« diant, il me rendrait malheureux comme Molière ou
« cruel comme Gœthe.

« Je renonce au génie, c'est convenu. Remportez le
« laurier, je ne suis pas encore chauve comme César ;
« rentrez la pourpre au vestiaire, je ne veux pas mon-
« ter au Capitole : — voilà un point bien arrêté. — Je
« renonce également aux statues, statuettes et bustes
« qui sont la conséquence du chef-d'œuvre ; il ne me
« plaît pas qu'on voie dans cent ans ma tête en marbre
« dans le vestibule d'un musée ou au bas de l'escalier
« d'une bibliothèque.

« Mon Parnasse à moi — pour peu qu'on tienne à le
« connaître — est situé au delà de la barrière Montpar-
« nasse ; il s'appelle le coteau de Meudon. Il est fleuri,
« il est touffu, il brille. C'est là que j'entraîne ma Muse
« et que nous roulons tous deux dans la saison des rai-
« sins...

« Ma Muse n'est pas bégueule, comme vous voyez ;
« mais je n'ai garde de lui faire un chef-d'œuvre, —
« car il faudrait ensuite l'épouser.

« A bas le chef-d'œuvre ! »

Ayant dit, l'homme de lettres Bourgoin repoussa sa table dans l'ombre ; — puis il prit son chapeau, sortit et s'en alla écrire un article de petit journal sur le coin d'une table d'imprimerie.

TABLE

PARIS. — IMP. SIMON RAÇON ET COMP., RUE D'ERFURTH, 1.

www.ingramcontent.com/pod-product-compliance
Lightning Source LLC
LaVergne TN
LVHW020551230826
846091LV00002B/454

* 9 7 8 2 0 1 9 1 4 1 0 6 6 *